COORDENAÇÃO MO... ...AIS, ALFABETO, FORMAS G... ...CORES, DE UMA MANEIRA ... ...A!

Copyright © 2020 On Line Editora
Direitos reservados e protegidos pela lei 9.610 de 19.2.1998.
Nenhuma parte deste livro pode ser reproduzida, arquivada em sistema de busca ou transmitida por qualquer meio, seja ele eletrônico, xérox, gravação ou outros, sem prévia autorização do detentor dos direitos, e não pode circular encadernada ou encapada de maneira distinta daquela em que foi publicada, ou sem que as mesmas condições sejam impostas aos compradores subsequentes.
1ª Edição 2020

Presidente: Paulo Roberto Houch
MTB 0083982/SP
Edição: Priscilla Sipans
Programadora visual: Evelin Cristine Ribeiro
Coordenação pedagógica: Izildinha H. Micheski
Imagens: Shutterstock
Impresso no Brasil.
Foi feito o depósito legal.

3ª Impressão | 2022

Dados Internacionais de Catalogação na Publicação (CIP)
(eDOC BRASIL, Belo Horizonte/MG)

C183   Caminho do saber / Organização On Line Editora – Barueri, SP: On
        Line, 2020.
        20,5 x 27,5 cm

        ISBN 978-65-5547-099-4

        1. Literatura infantojuvenil. I. On Line Editora.
                                                   CDD 028.5

Elaborado por Maurício Amormino Júnior – CRB6/2422

Direitos reservados à
IBC – Instituto Brasileiro de Cultura LTDA
CNPJ 04.207.648/0001-94 Avenida Juruá, 762 – Alphaville Industrial
CEP. 06455-907 – Barueri/SP Vendas: Tel.: (11) 3393-7723 (vendas@editoraonline.com.br)
Visite nossa loja www.revistaonline.com.br

VAMOS COMEÇAR A NOSSA AVENTURA? É HORA DE VIAJAR PELO MUNDO MÁGICO DA ESCRITA. SIGA CADA MOVIMENTO NA SEQUÊNCIA INDICADA.

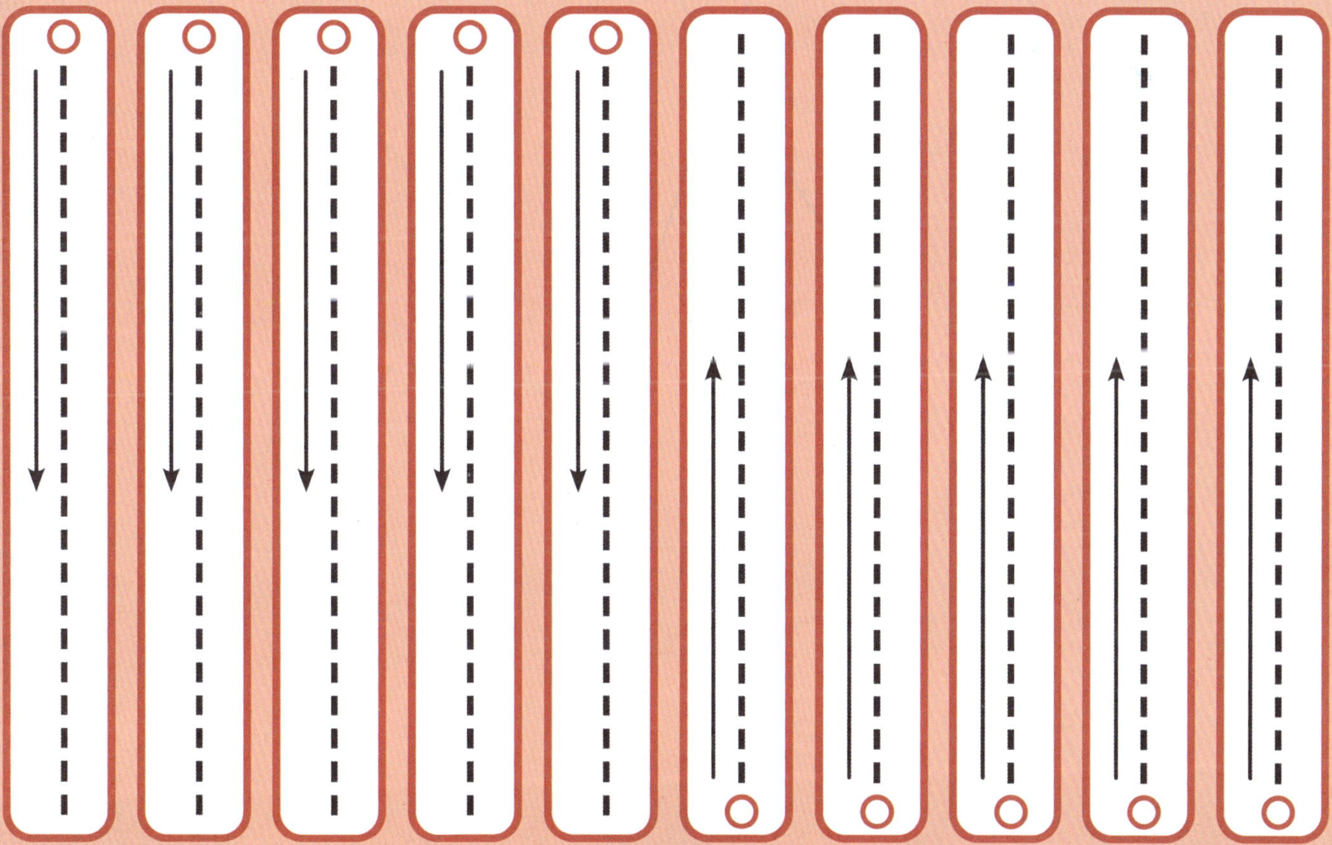

COORDENAÇÃO MOTORA

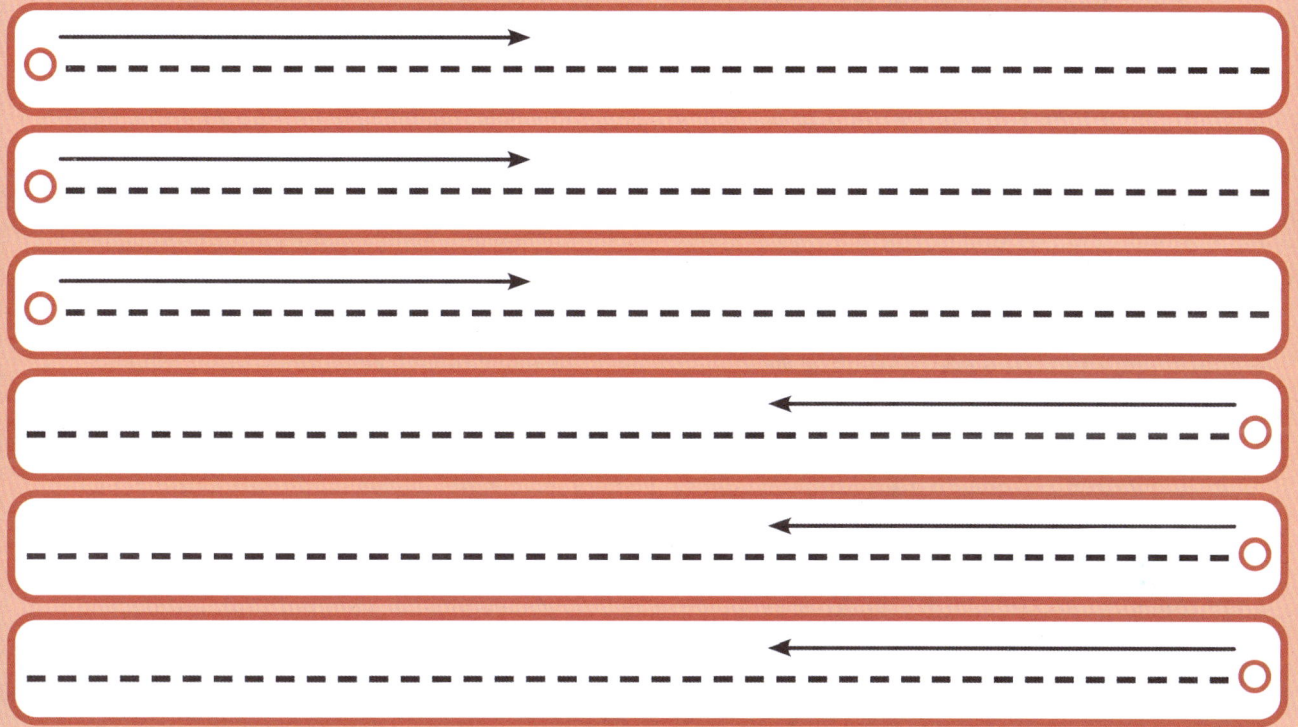

O GRANDE DESAFIO AGORA É DESLIZAR NOS MOVIMENTOS RADICAIS. VAMOS SEGUIR AS SETAS?

COORDENAÇÃO MOTORA

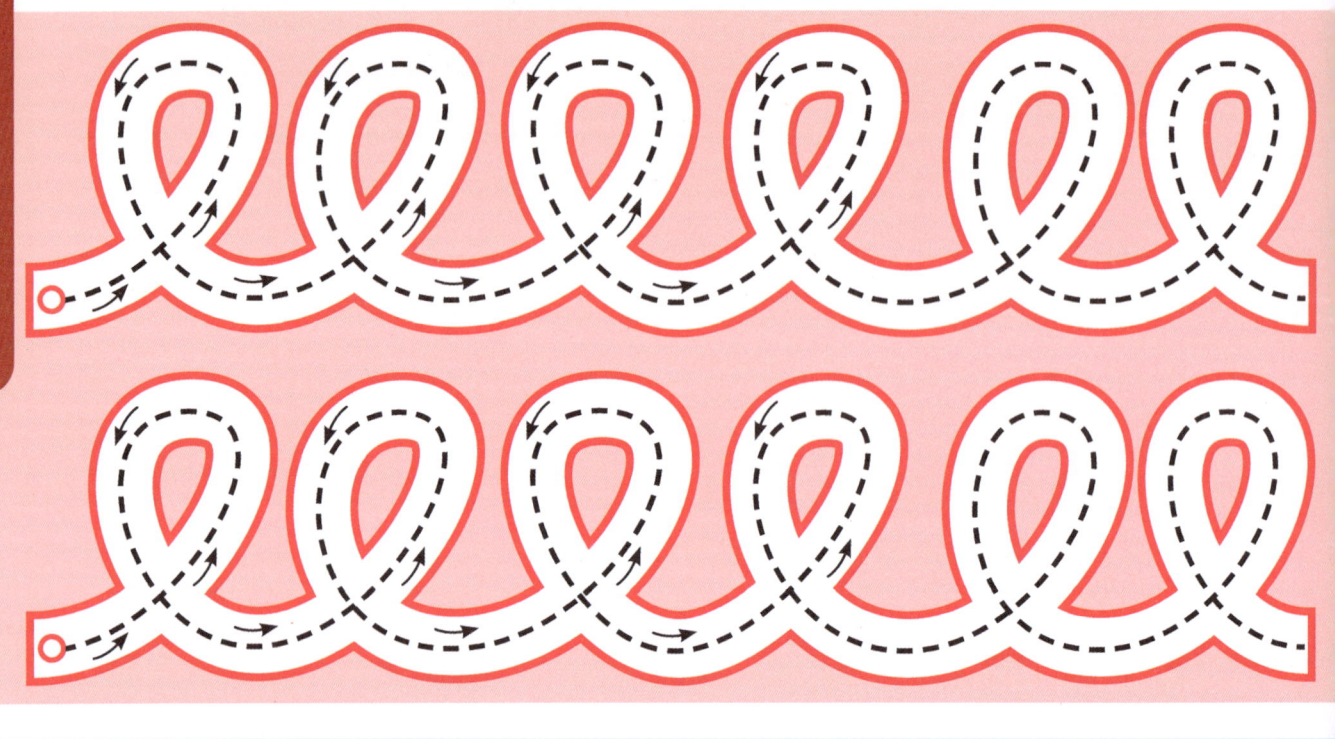

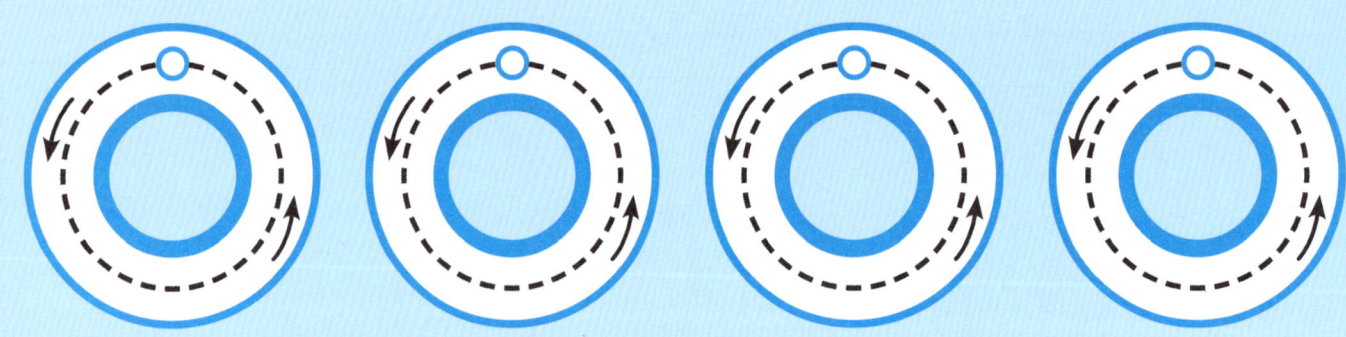

COMEÇANDO PELA BOLINHA COLORIDA, LIGUE OS TRACEJADOS SEGUINDO CADA SETA PARA DESCOBRIR UM NOVO MOVIMENTO.

COORDENAÇÃO MOTORA

CHEGOU A HORA DE TRAÇARMOS AS FORMAS GEOMÉTRICAS.

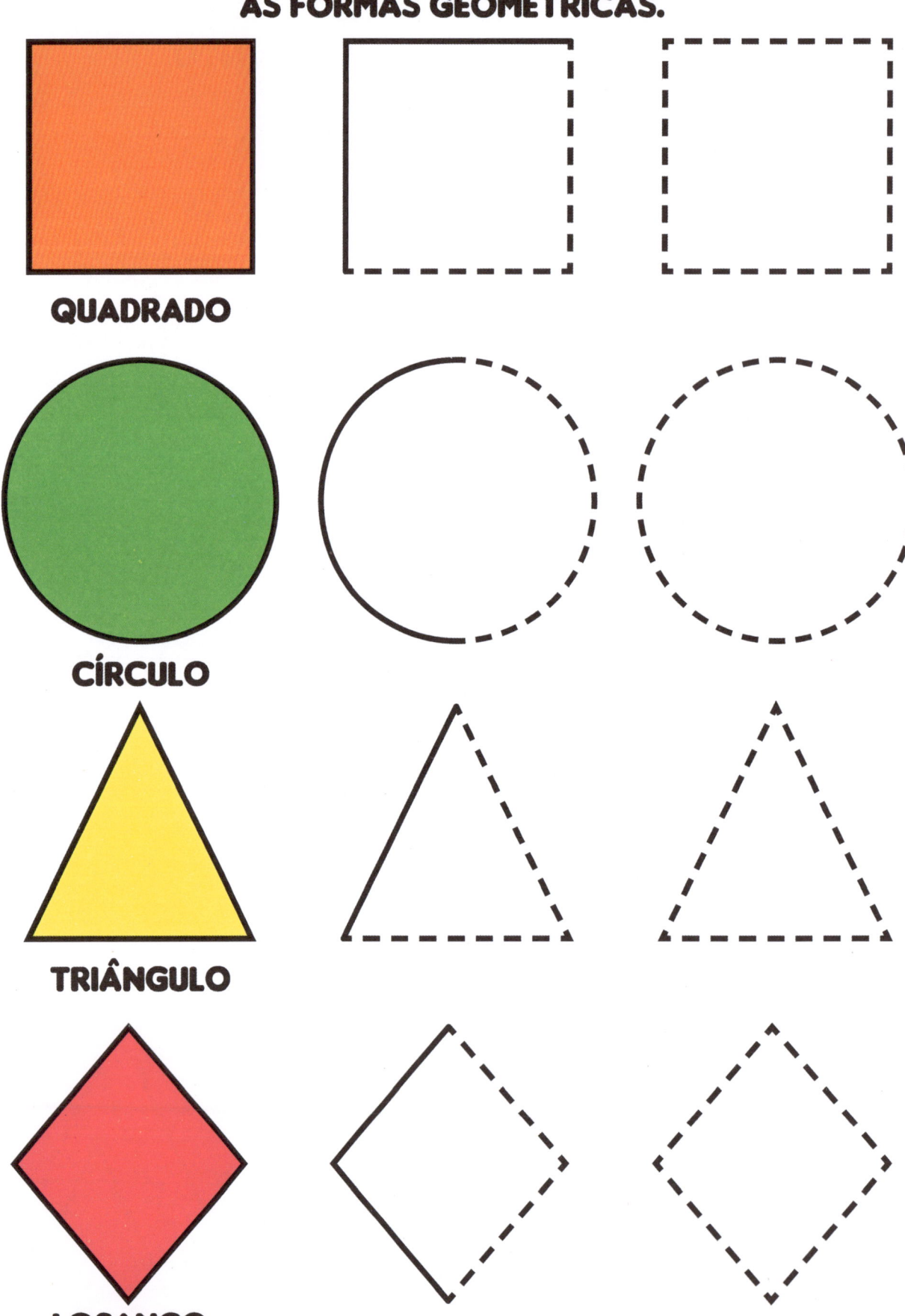

QUADRADO

CÍRCULO

TRIÂNGULO

LOSANGO

COORDENAÇÃO MOTORA

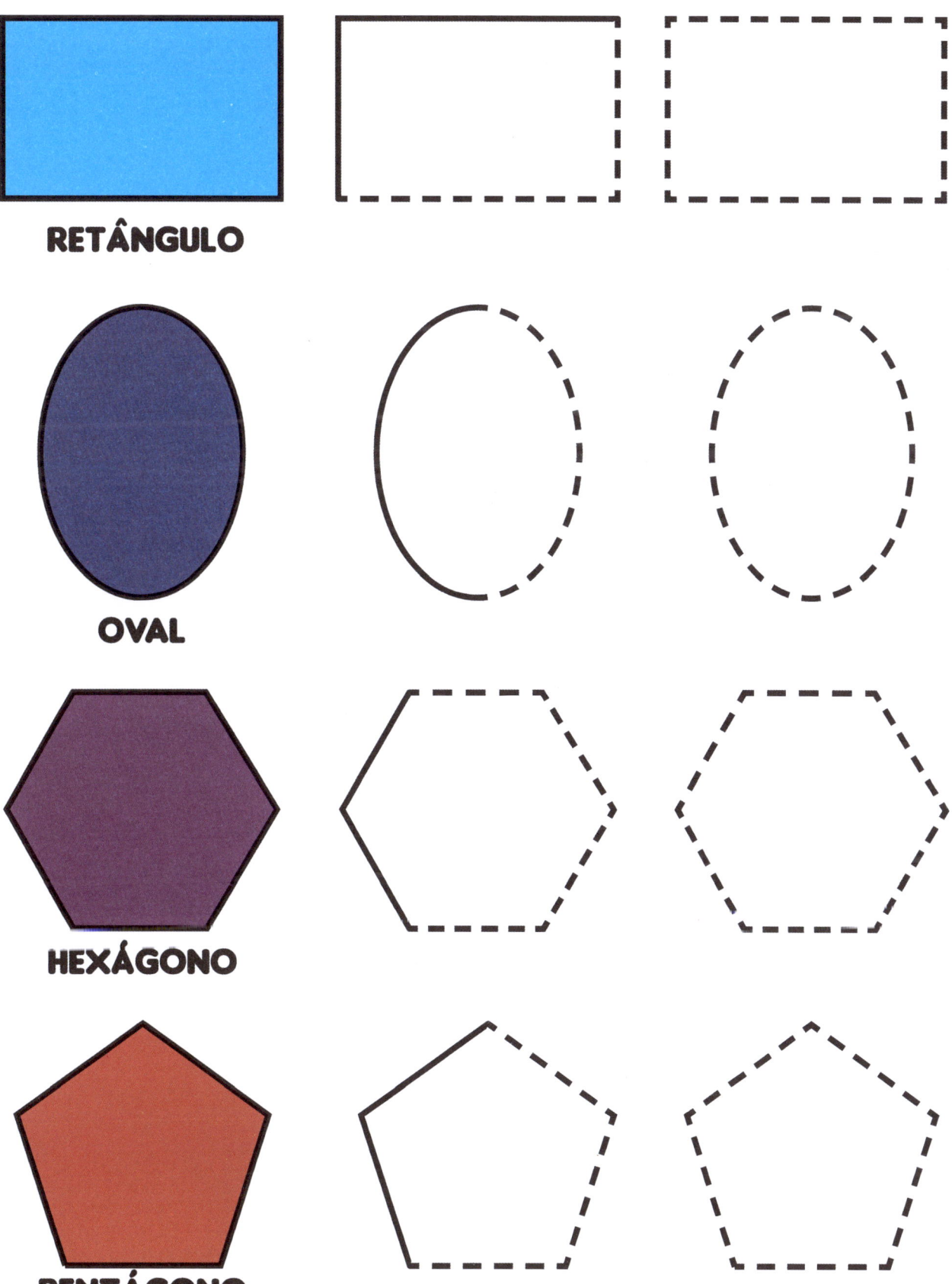

PINTE O PEIXINHO E LIGUE OS TRACINHOS PARA COMPLETAR E PINTAR AS BOLHAS DE AR.

ANTES DESSE FOGUETE DECOLAR, VOCÊ PRECISA LIGAR OS TRACEJADOS PARA TERMINAR TODO O CENÁRIO.

USE SEUS LÁPIS PARA TERMINAR O DESENHO DO LEÃO E DEXEI-O BEM COLORIDO.

COORDENAÇÃO MOTORA

AGORA, CADA BOLA SEGUIRÁ UMA ROTA DIFERENTE PARA ATINGIR SEU ALVO. PARA ISSO ACONTECER, VOCÊ VAI LIGAR OS TRAÇOS E DEIXAR TUDO PRONTO.

COORDENAÇÃO VISOMOTORA

VAMOS LEVAR O RATINHO PARA COMER O QUEIJO PASSANDO PELO LABIRINTO.

RESPOSTA NA PÁGINA 82

VOCÊ CONSEGUE ACHAR O CAMINHO CERTO PARA O ASTRONAUTA CHEGAR À SUA NAVE?

COORDENAÇÃO VISOMOTORA

NUMERAIS

CHEGOU A HORA DE APRENDER OS NUMERAIS. PARA COMEÇAR, VAMOS DAR LINDAS CORES A ELES.

1 - 2 - 3 - 4

5 - 6 - 7

8 - 9 - 10

TEMOS UM LEÃOZINHO! SIGA O MODELO PARA APRENDER A ESCREVER O NUMERAL 1.

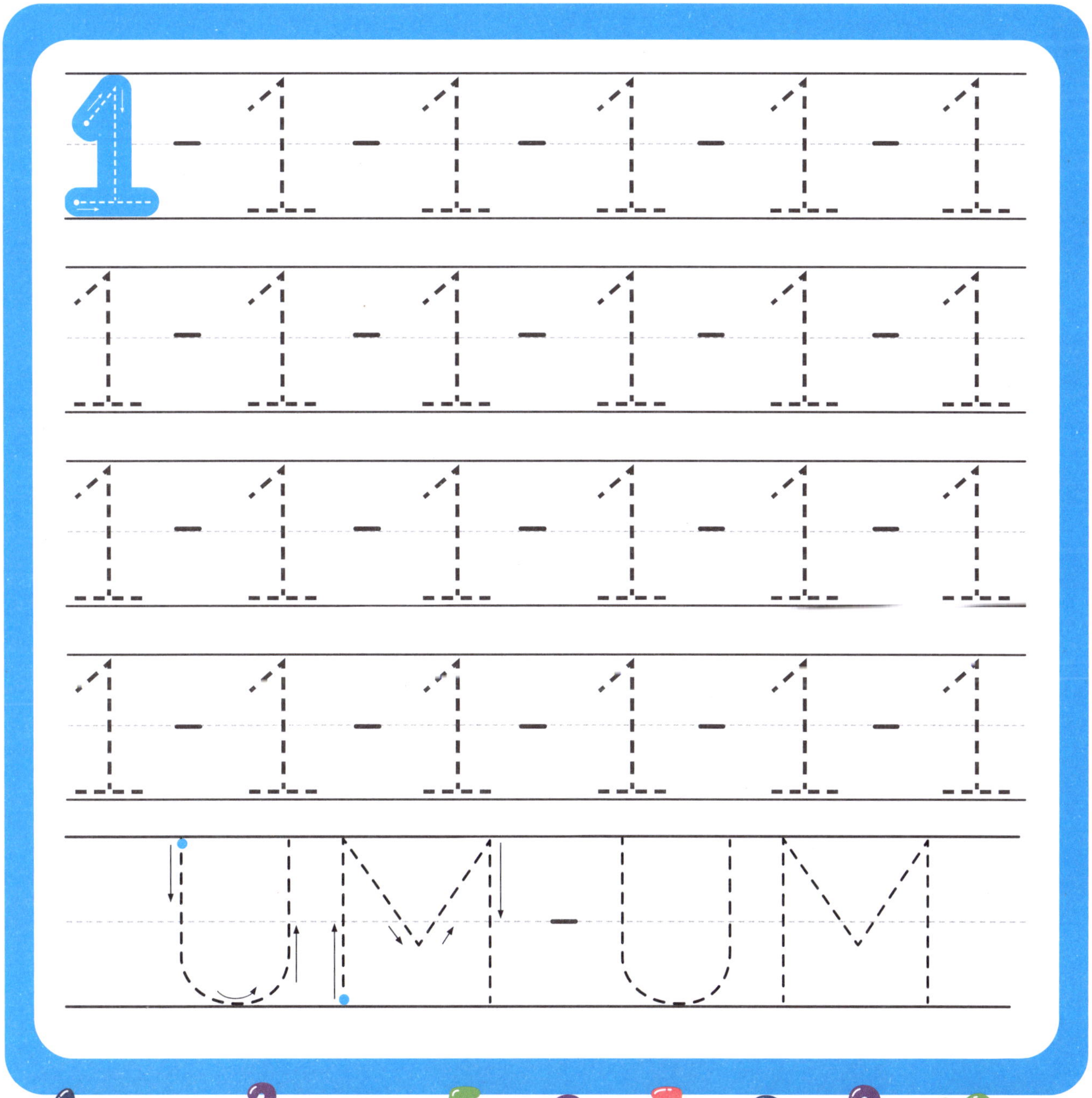

1 - 1 - 1 - 1 - 1 - 1

1 - 1 - 1 - 1 - 1 - 1

1 - 1 - 1 - 1 - 1 - 1

1 - 1 - 1 - 1 - 1 - 1

UM - UM - UM

NUMERAIS

ESTES **DOIS** CACHORRINHOS CHEGARAM PARA NOS ENSINAR O NUMERAL **2**.

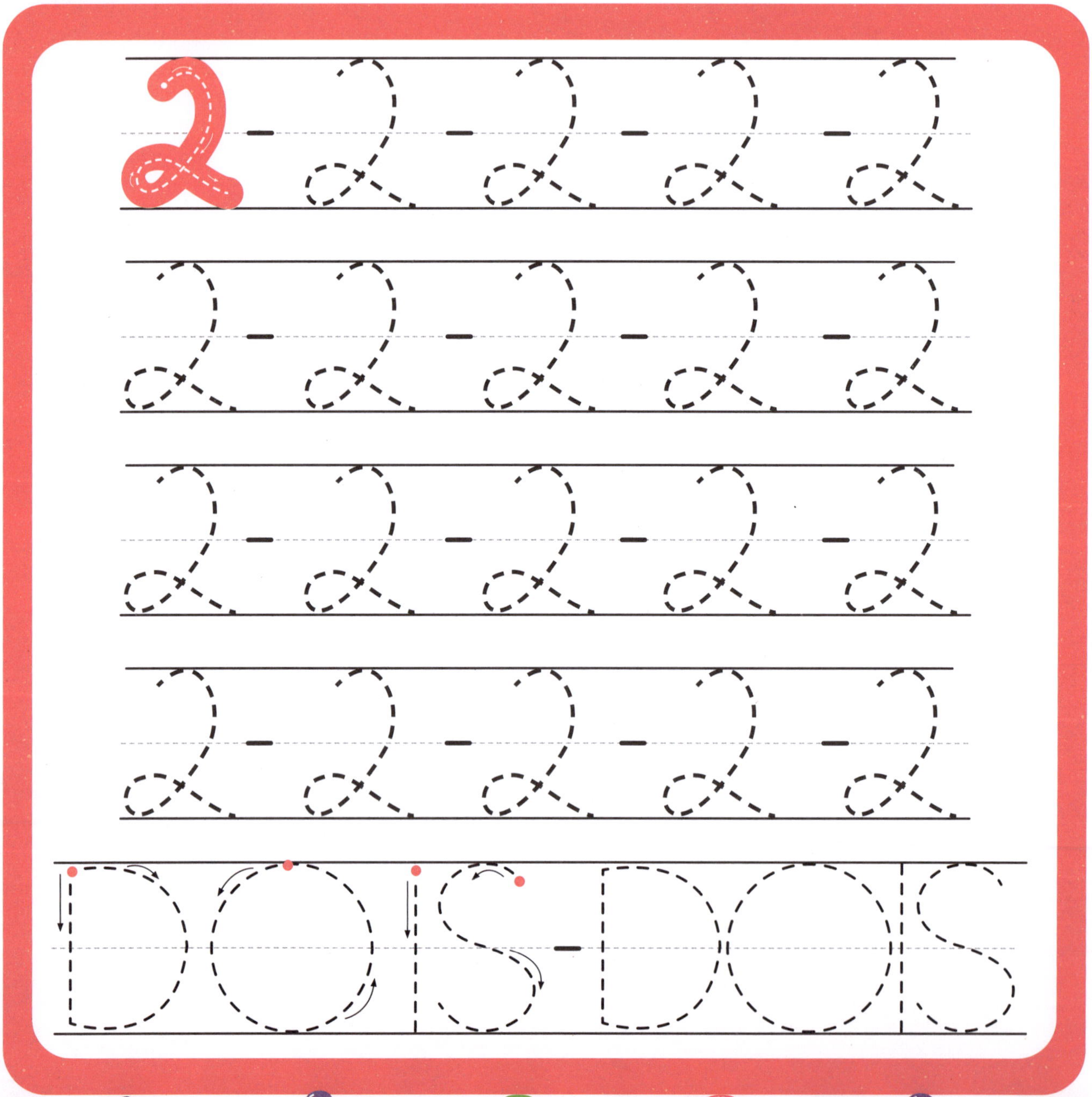

SÃO TRÊS LINDAS CASINHAS. VAMOS APRENDER O NUMERAL QUE AS REPRESENTA?

3 - 3 - 3 - 3 - 3

3 - 3 - 3 - 3 - 3

3 - 3 - 3 - 3 - 3

3 - 3 - 3 - 3 - 3

TRÊS - TRÊS - TRÊS

NUMERAIS

SÃO **QUATRO** LARANJAS. SIGA O MODELO E LIGUE OS TRACEJADOS PARA ESCREVER O NUMERAL 4.

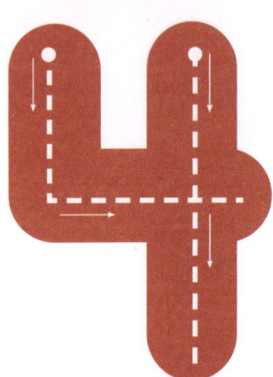   

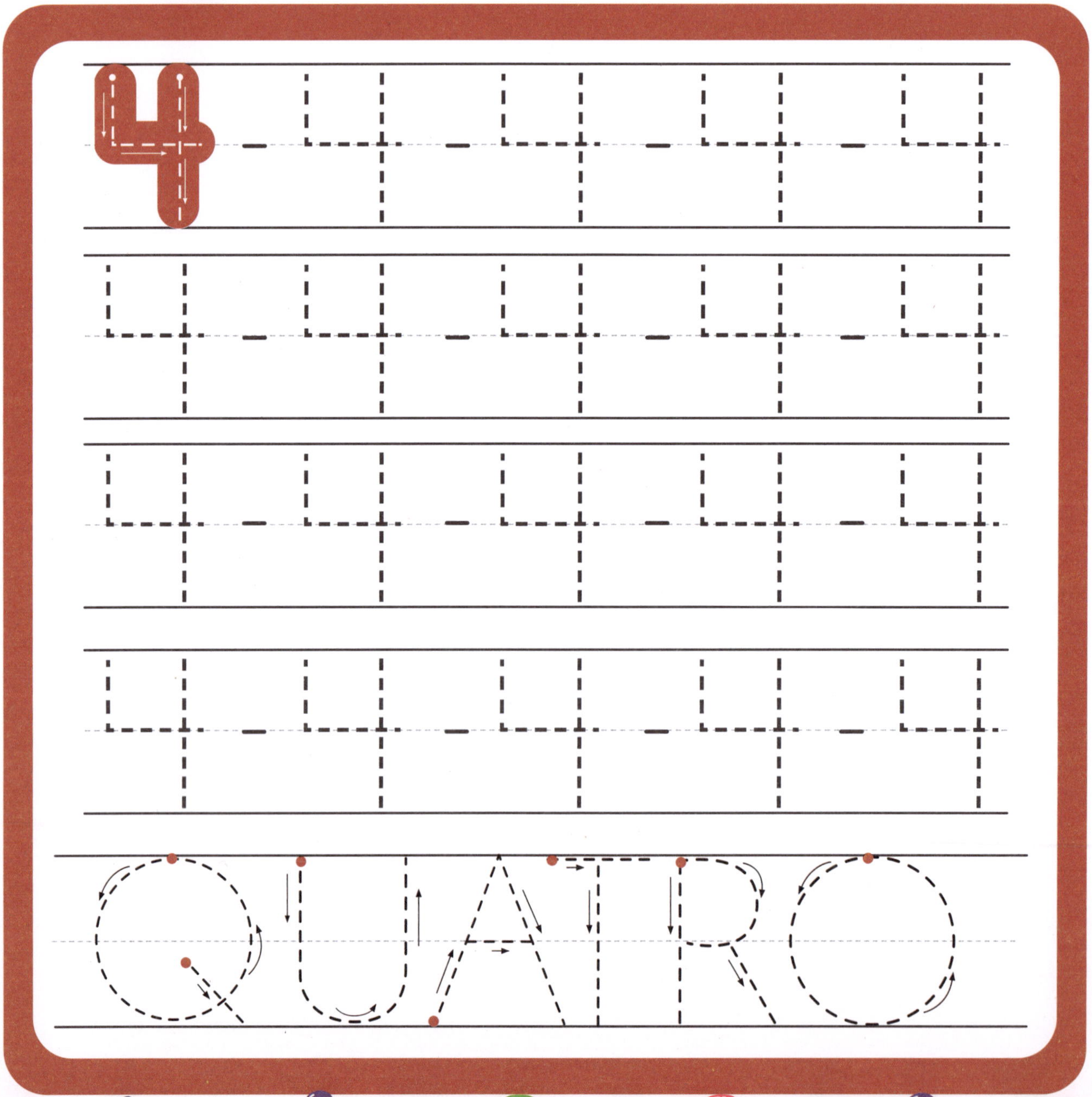

QUATRO

HÁ CINCO CARROS NESTA PÁGINA. É HORA DE APRENDER A ESCREVER O NUMERAL 5.

NUMERAIS

5 5 5 5 5

5 5 5 5 5

5 5 5 5 5

5 5 5 5 5

CINCO

NUMERAIS

TEMOS SEIS PINGUINS QUE VÃO NOS ENSINAR COMO ESCREVER O NUMERAL 6.

6 6 6 6 6
6 6 6 6 6
6 6 6 6 6
6 6 6 6 6

SEIS - SEIS

SETE FLORES SE ABRIRAM PARA NOS MOSTRAR COMO SE FAZ O NUMERAL 7.

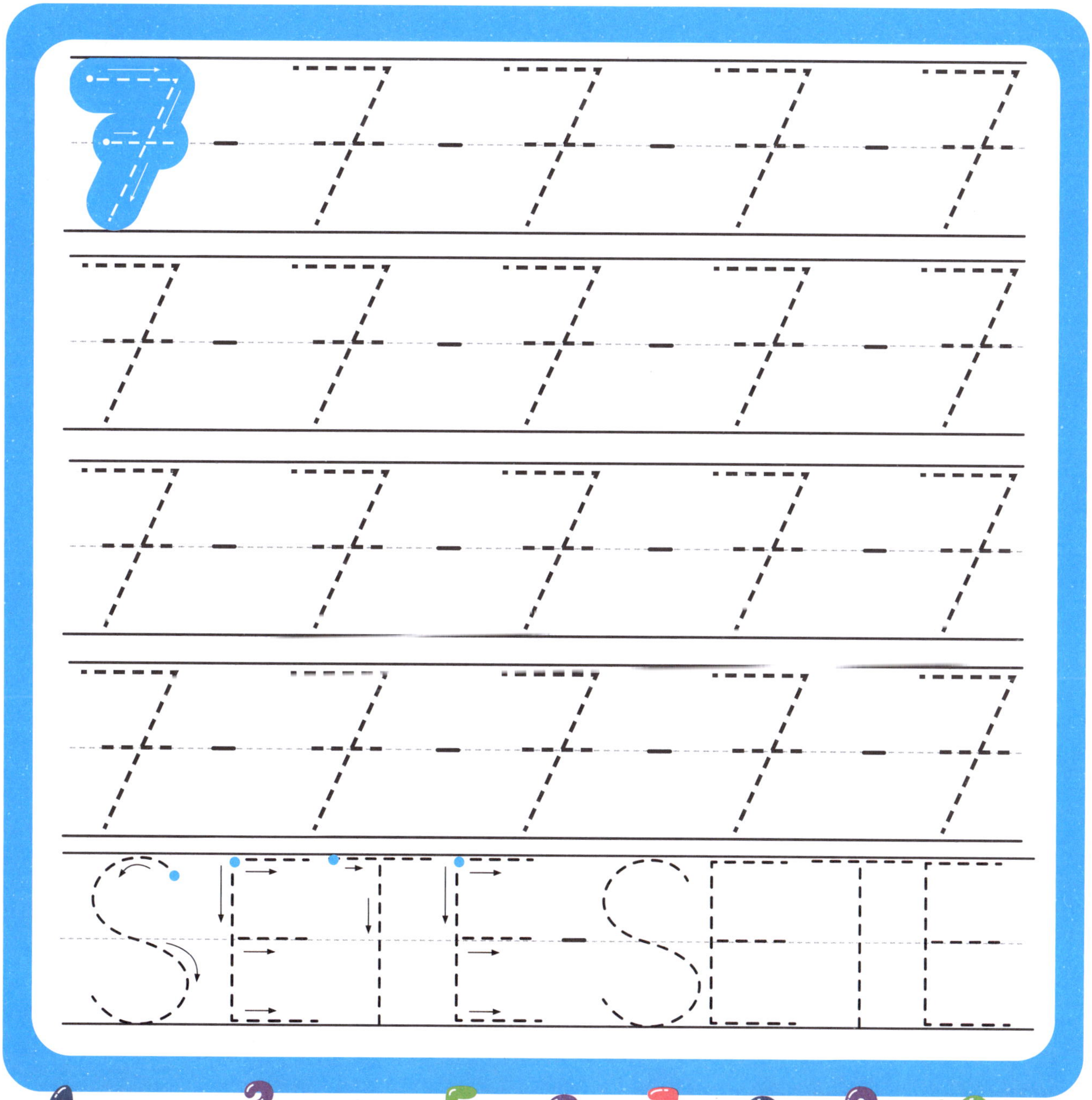

NUMERAIS

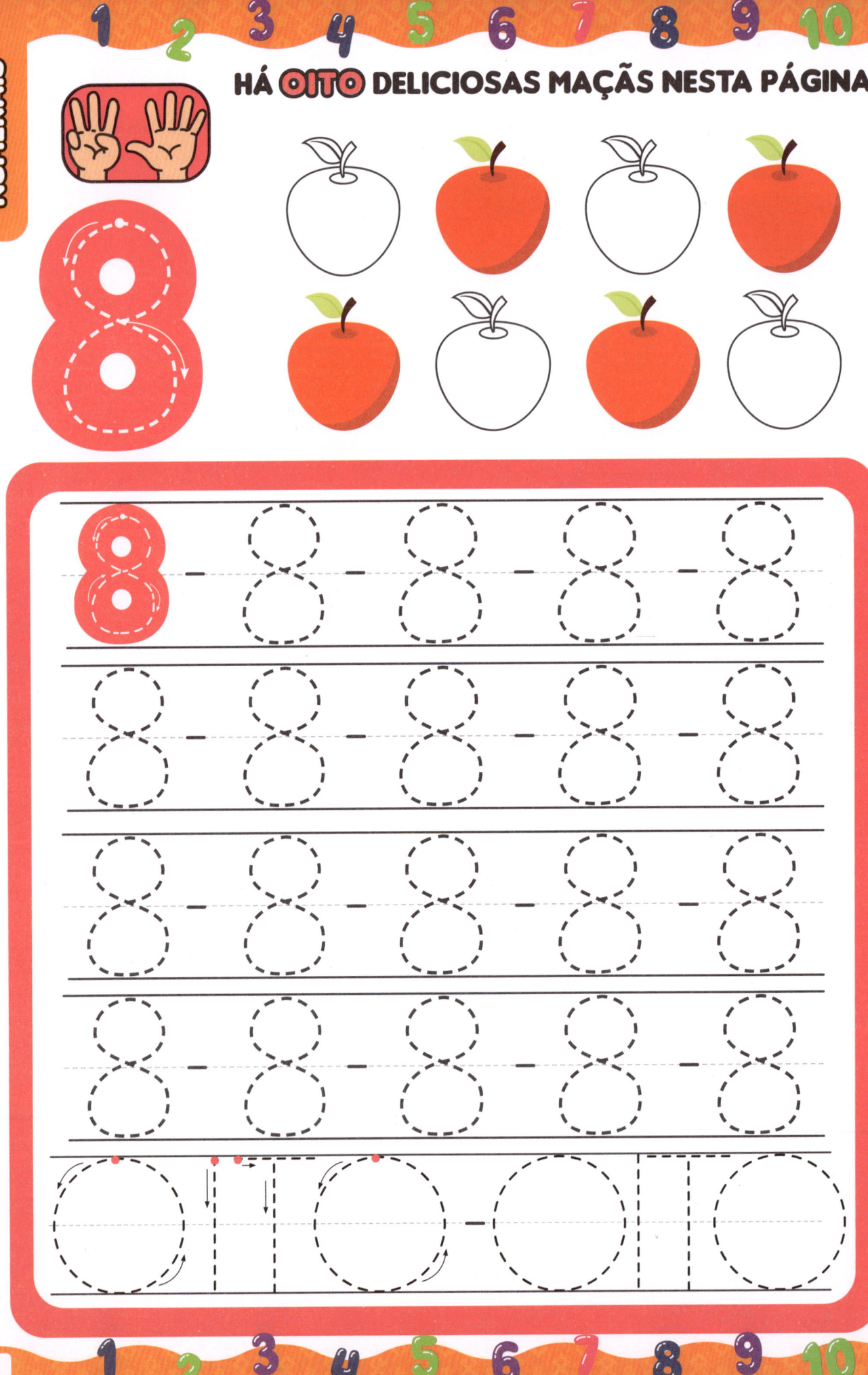

HÁ OITO DELICIOSAS MAÇÃS NESTA PÁGINA.

NOVE ELEFANTINHOS CHEGARAM PARA ENSINAR O NUMERAL 9.

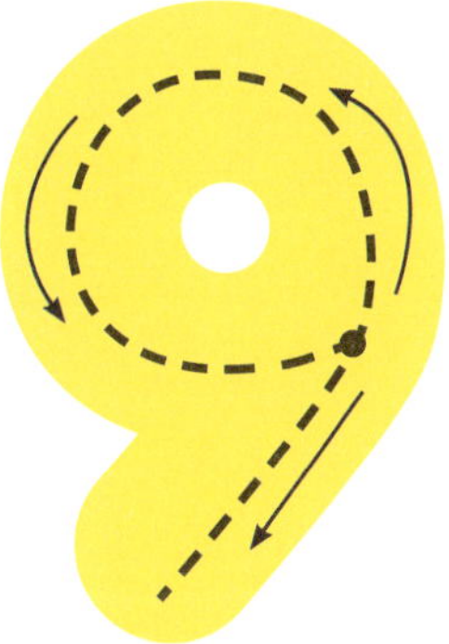

NUMERAIS

NUMERAIS

DEZ FOGUETES PARA ENSINAR A VOCÊ O NUMERAL **10**.

 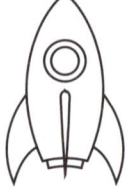   

10 - 10 - 10
10 - 10 - 10
10 - 10 - 10
10 - 10 - 10

DEZ - DEZ

AGORA QUE VOCÊ APRENDEU TUDO DIREITINHO, ESCREVA OS NUMERAIS QUE ESTÃO FALTANDO PARA COMPLETAR A SEQUÊNCIA DE 1 A 10.

ALFABETO

NAS PRÓXIMAS PÁGINAS NÓS VAMOS APRENDER AS LETRAS DO ALFABETO E ALGUMAS PALAVRINHAS. PARA COMEÇAR, VAMOS PINTAR AS LETRAS ABAIXO.

A B C D E
F G H I J
K L M N O
P Q R S T
U V W X
Y Z

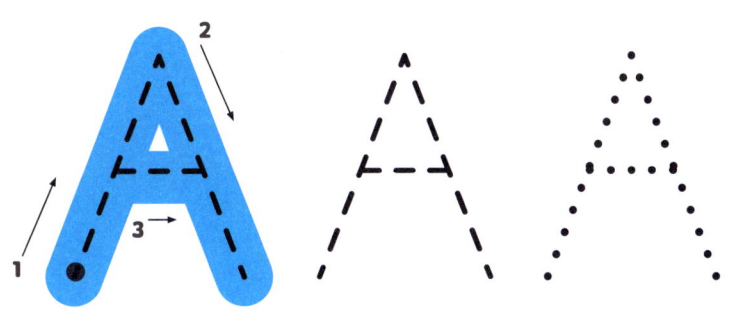

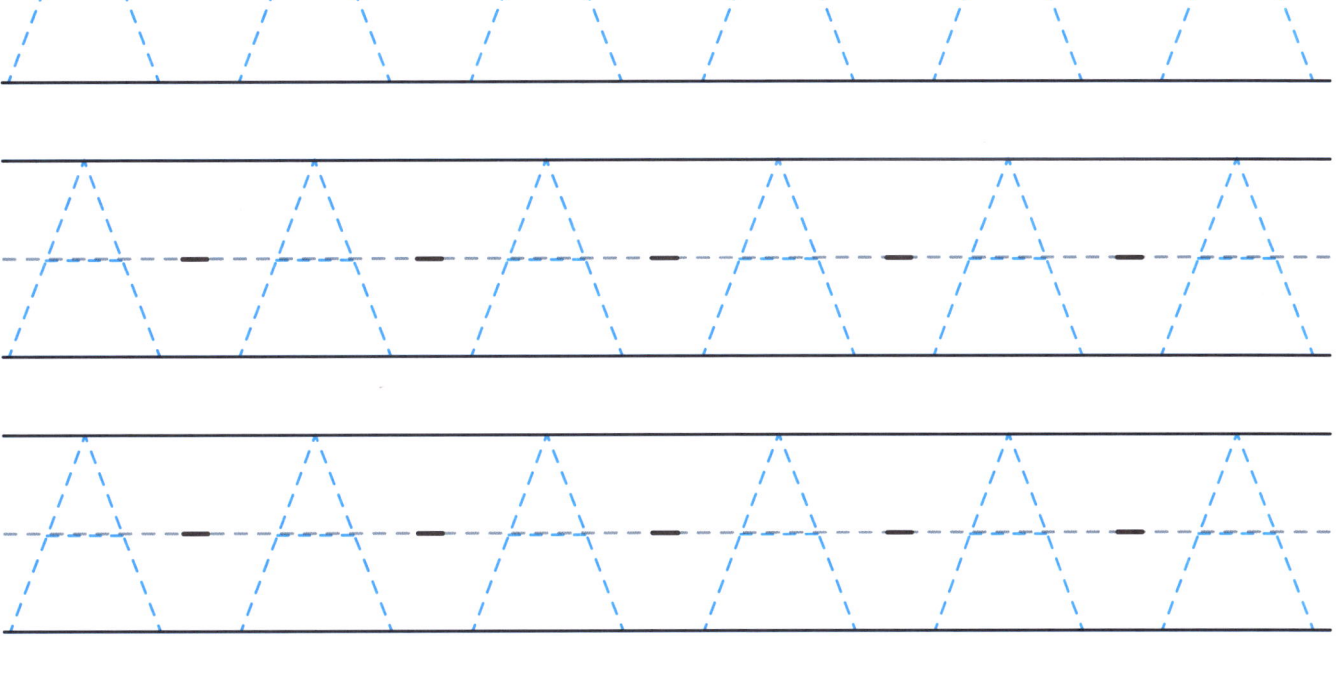

ALFABETO

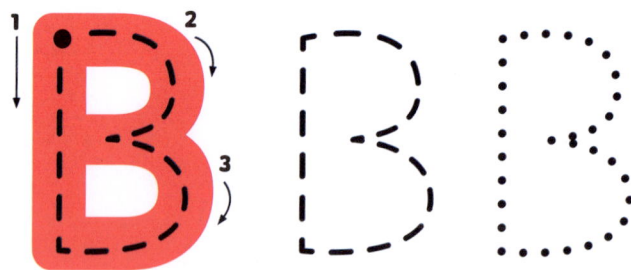

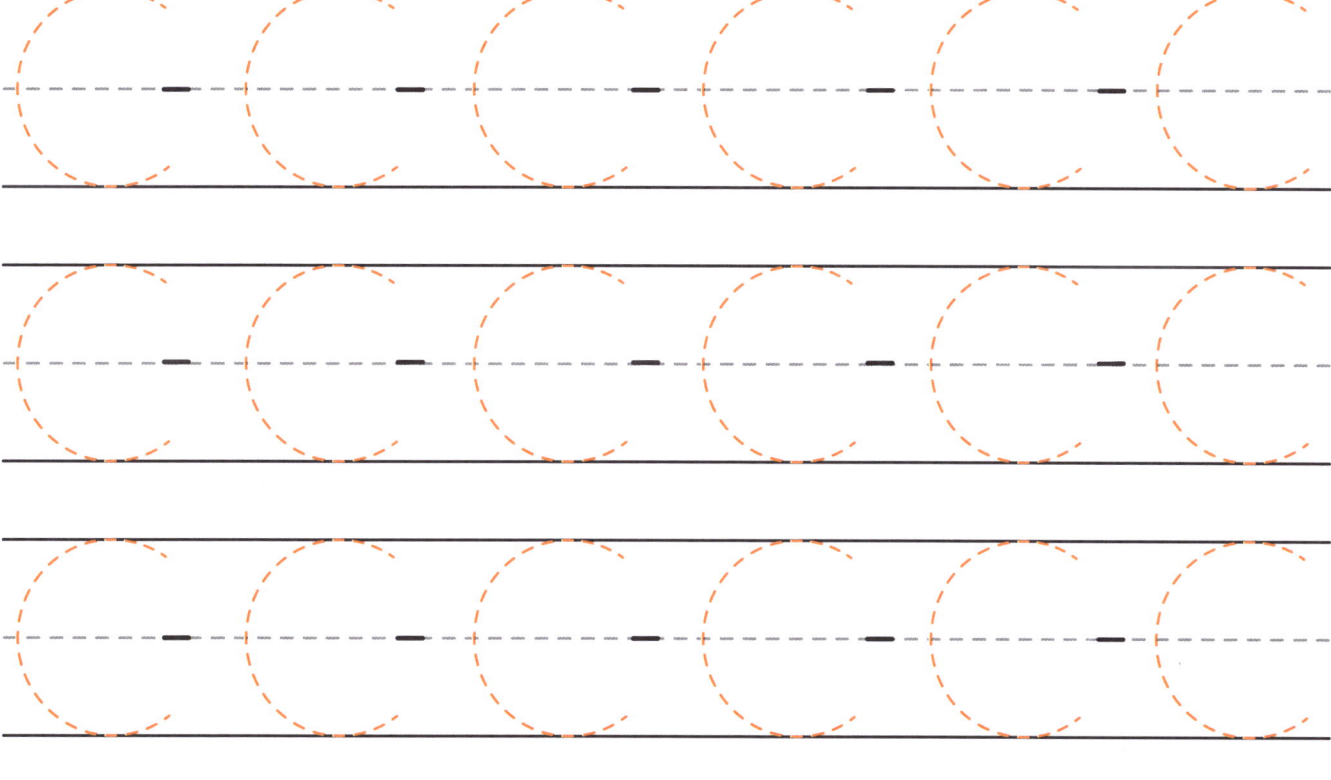

CACHORRO CANGURU

ALFABETO

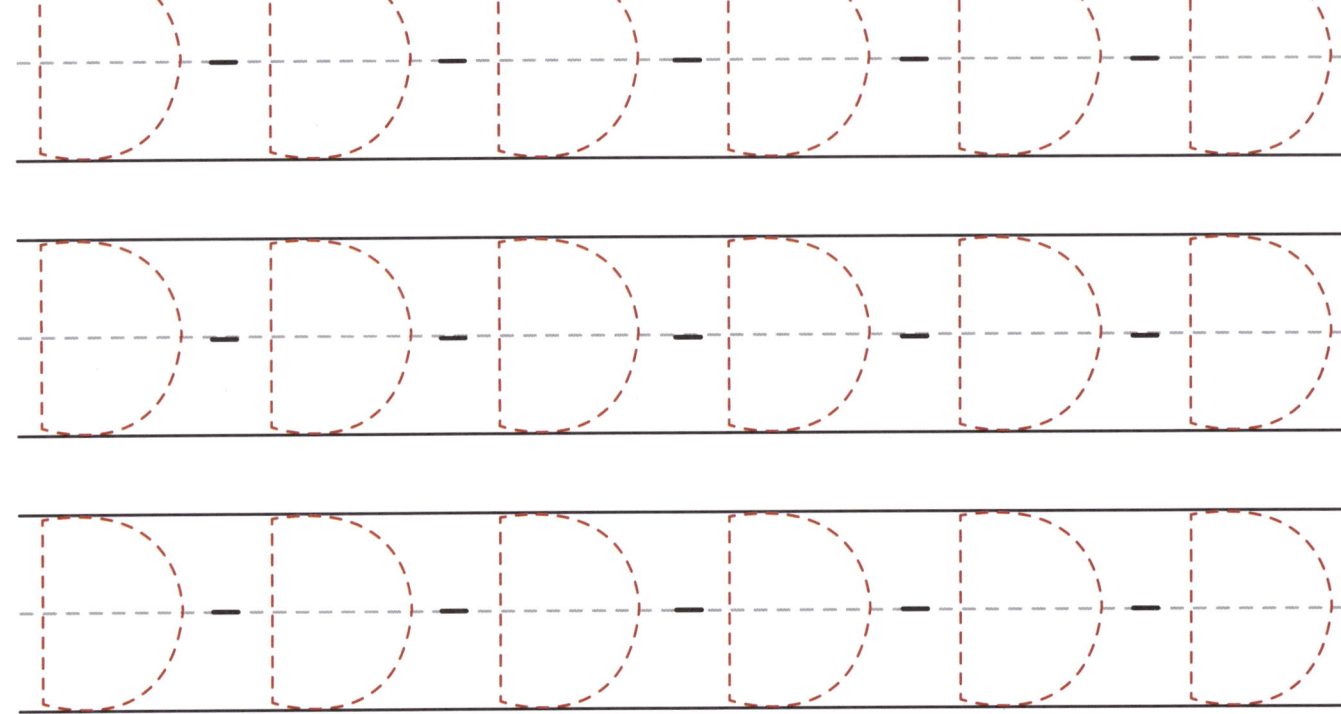

 RAGÃO  ROMEDÁRIO

ALFABETO

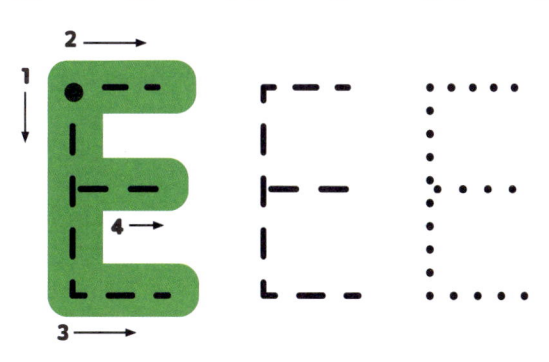

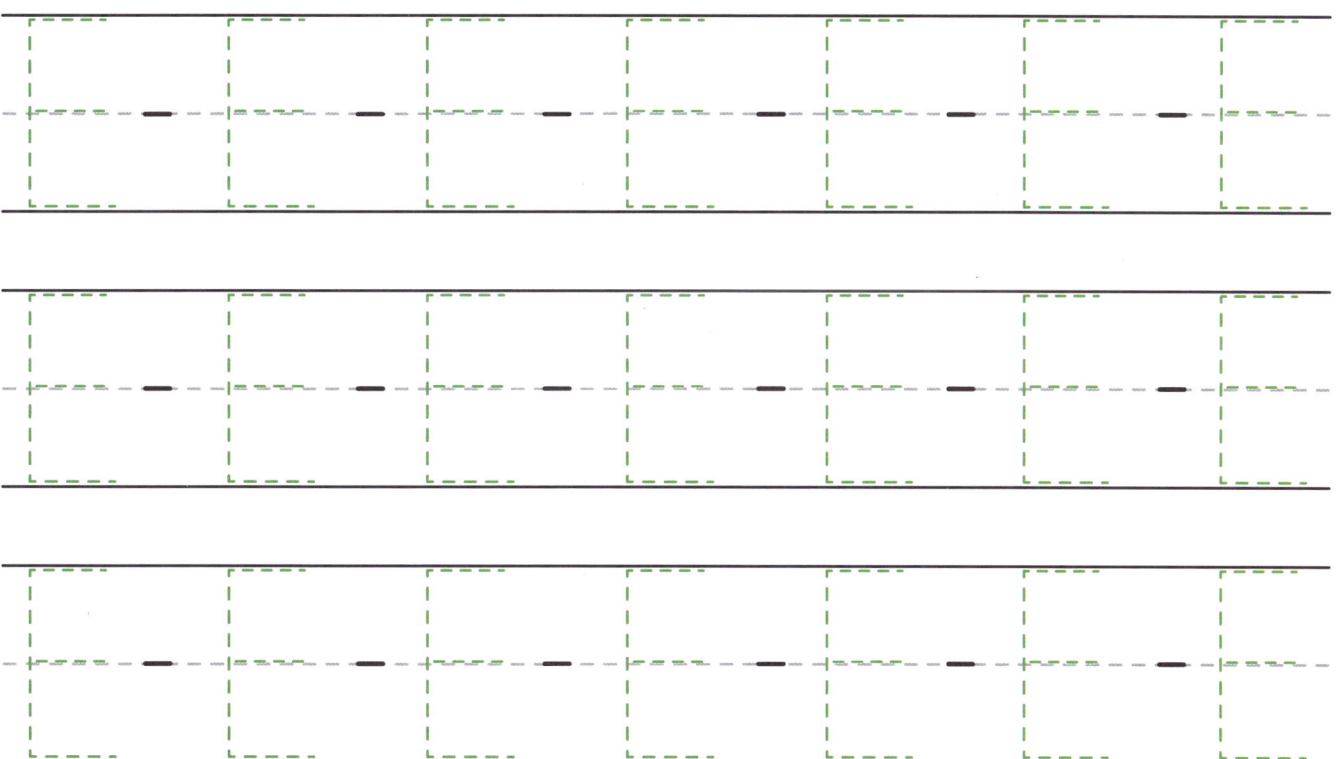

ESQUILO ELEFANTE

39

ALFABETO

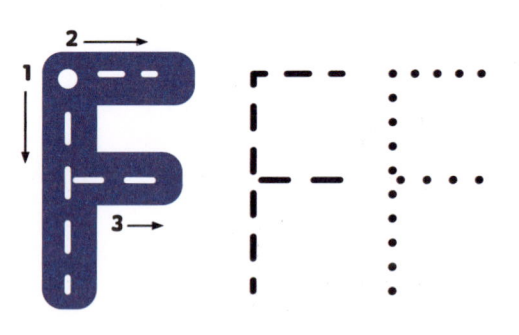

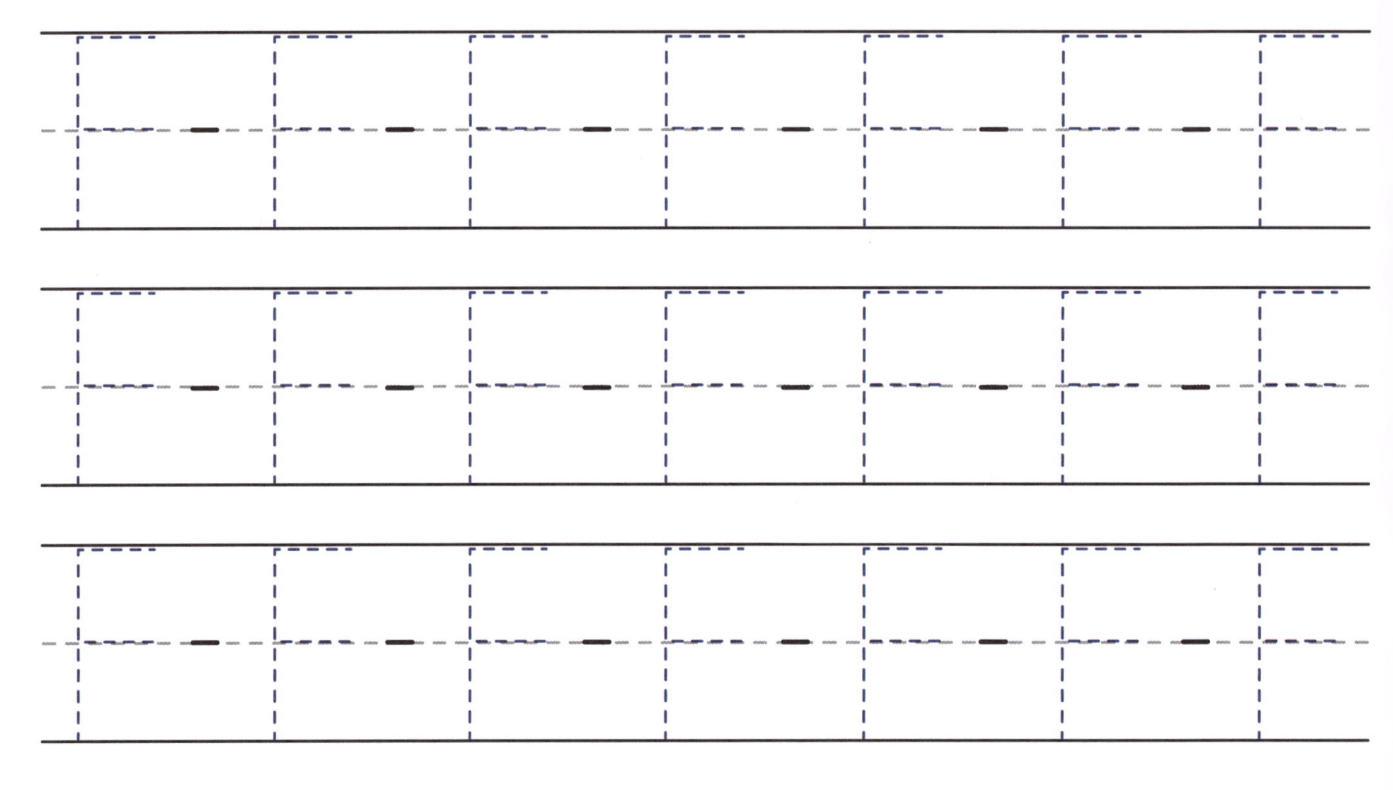

F f

FOCA

FOGÃO

ALFABETO

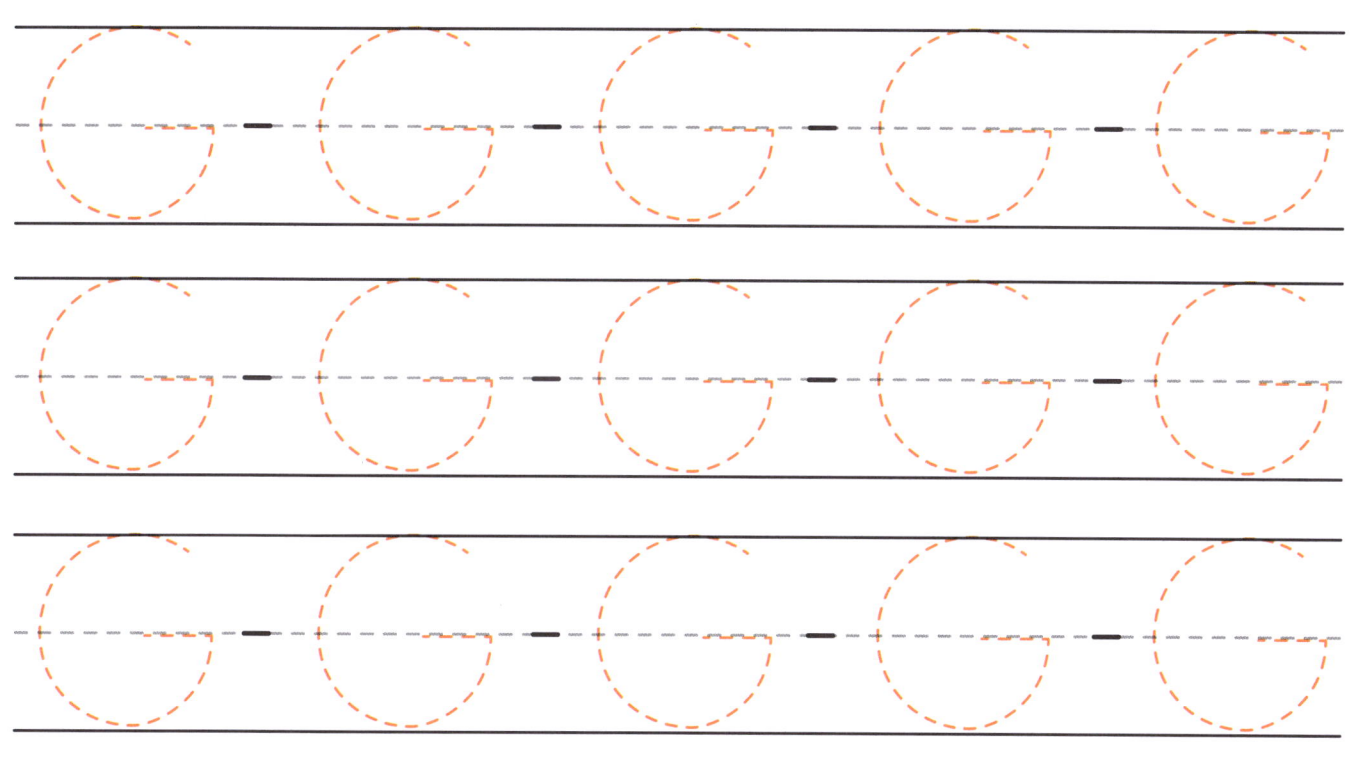

G G G

GALINHA GATO

ALFABETO

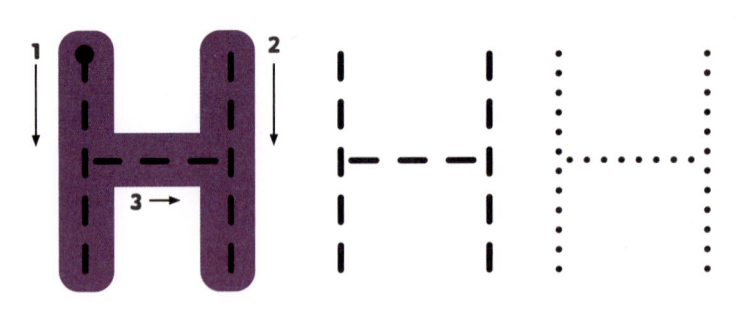

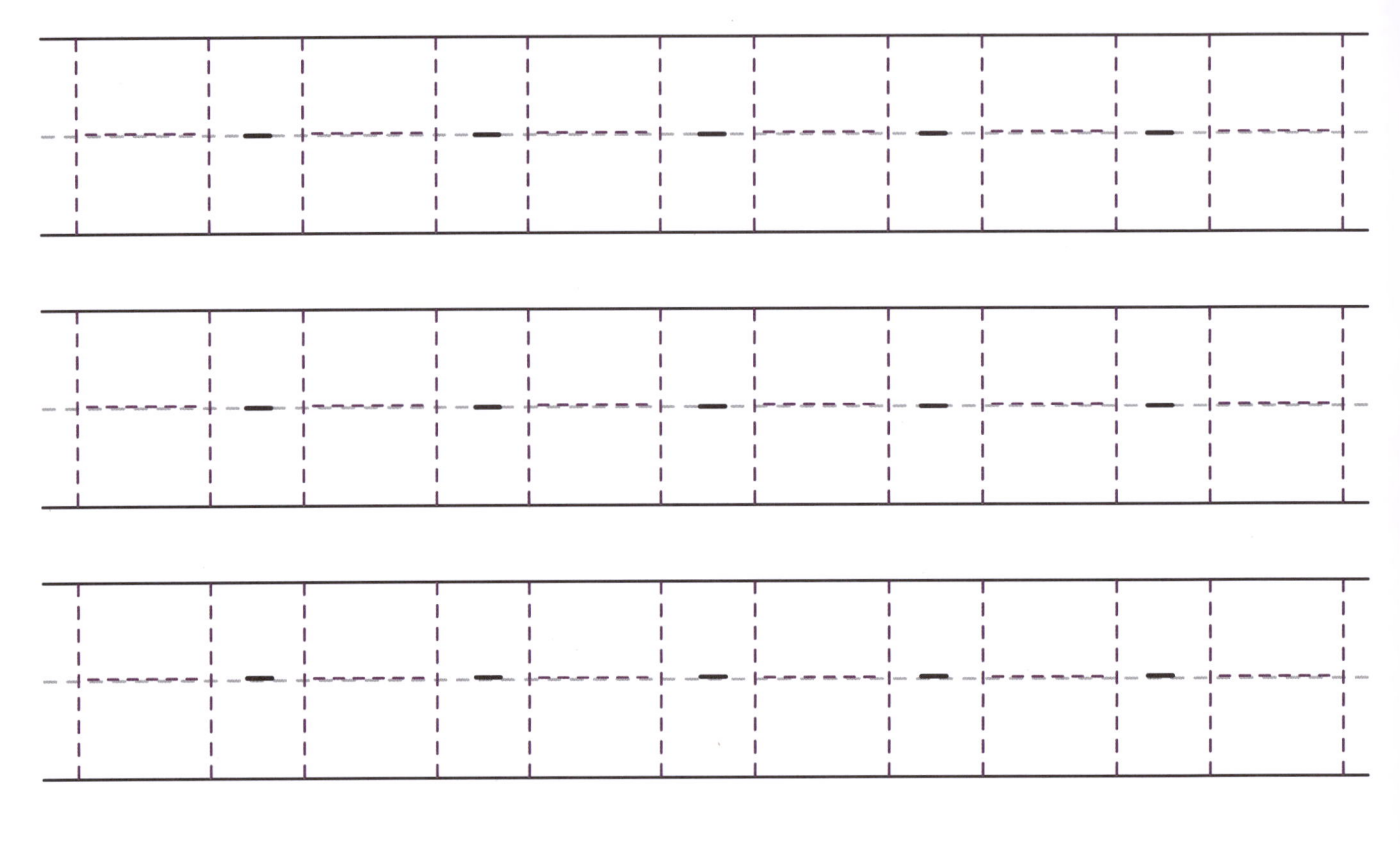

H H H

HAMSTER

HIPOPÓTAMO

ALFABETO

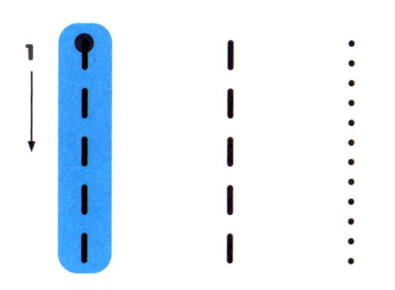

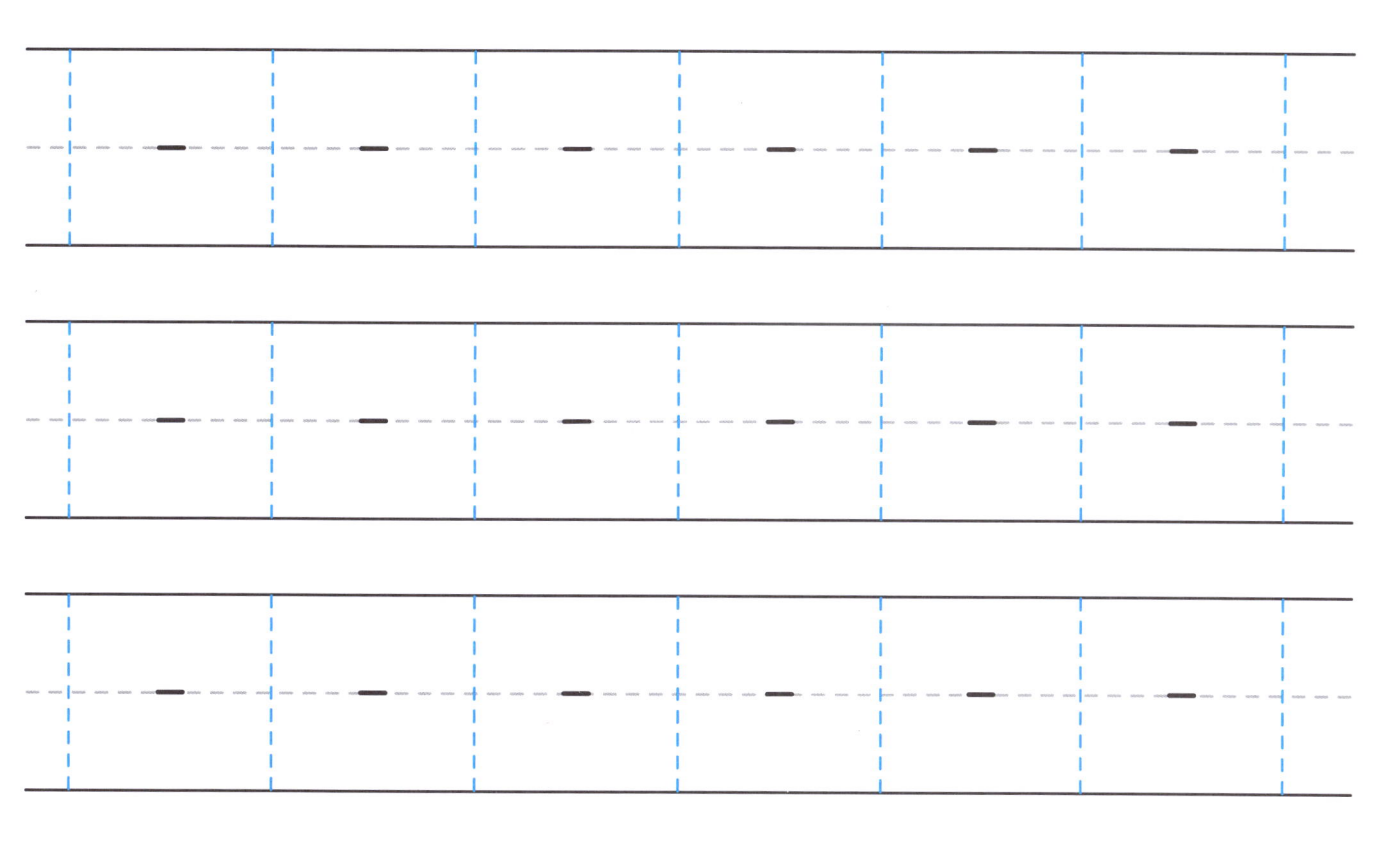

IGREJA

IGUANA

ALFABETO

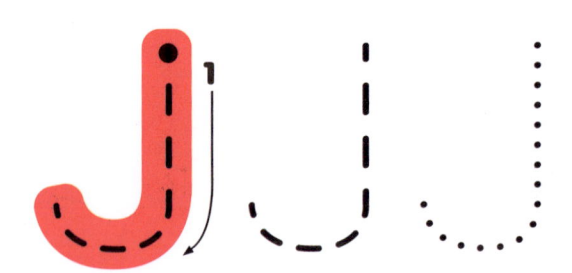

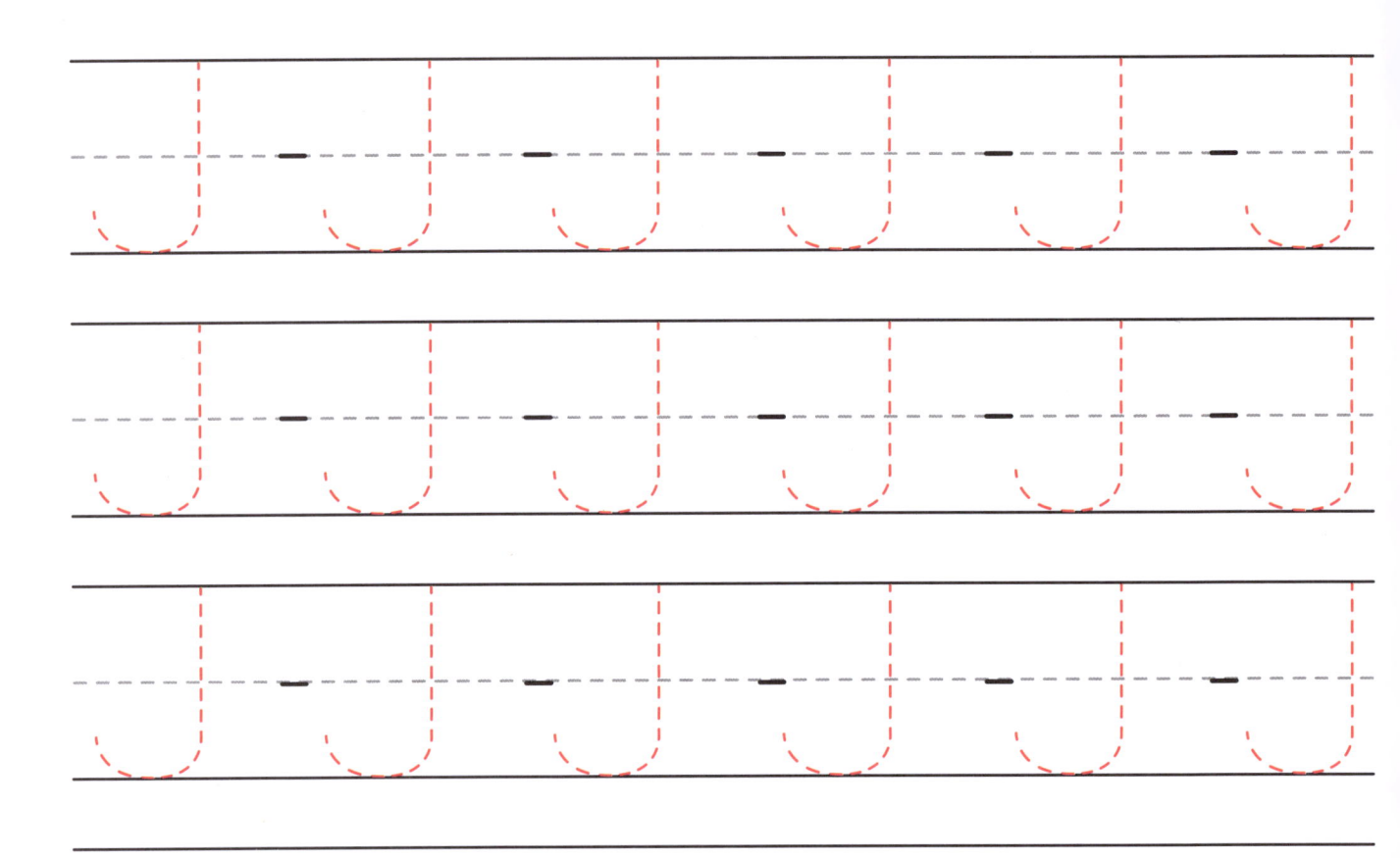

J j J j

JORNAL

JACARÉ

ALFABETO

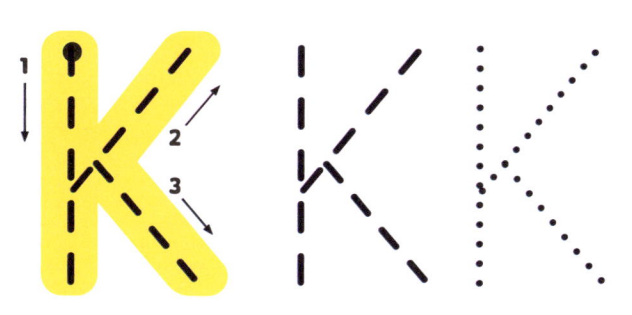

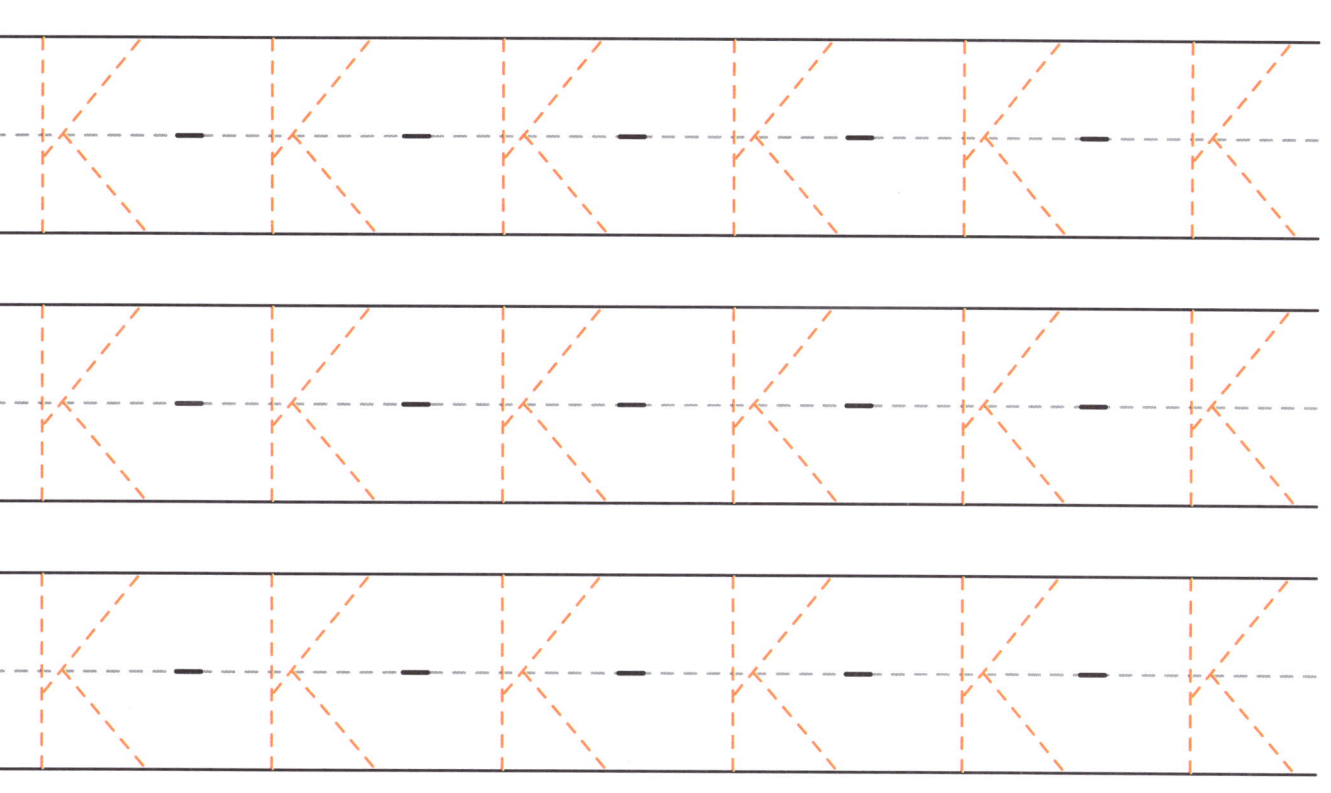

K k

KOMBI

KIWI

ALFABETO

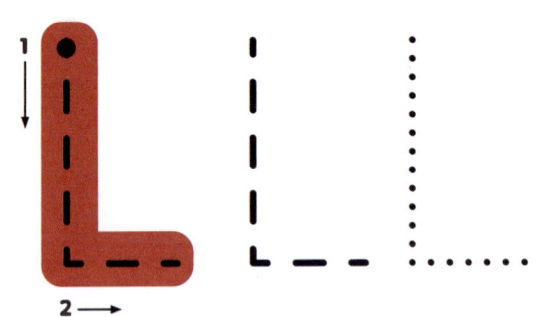

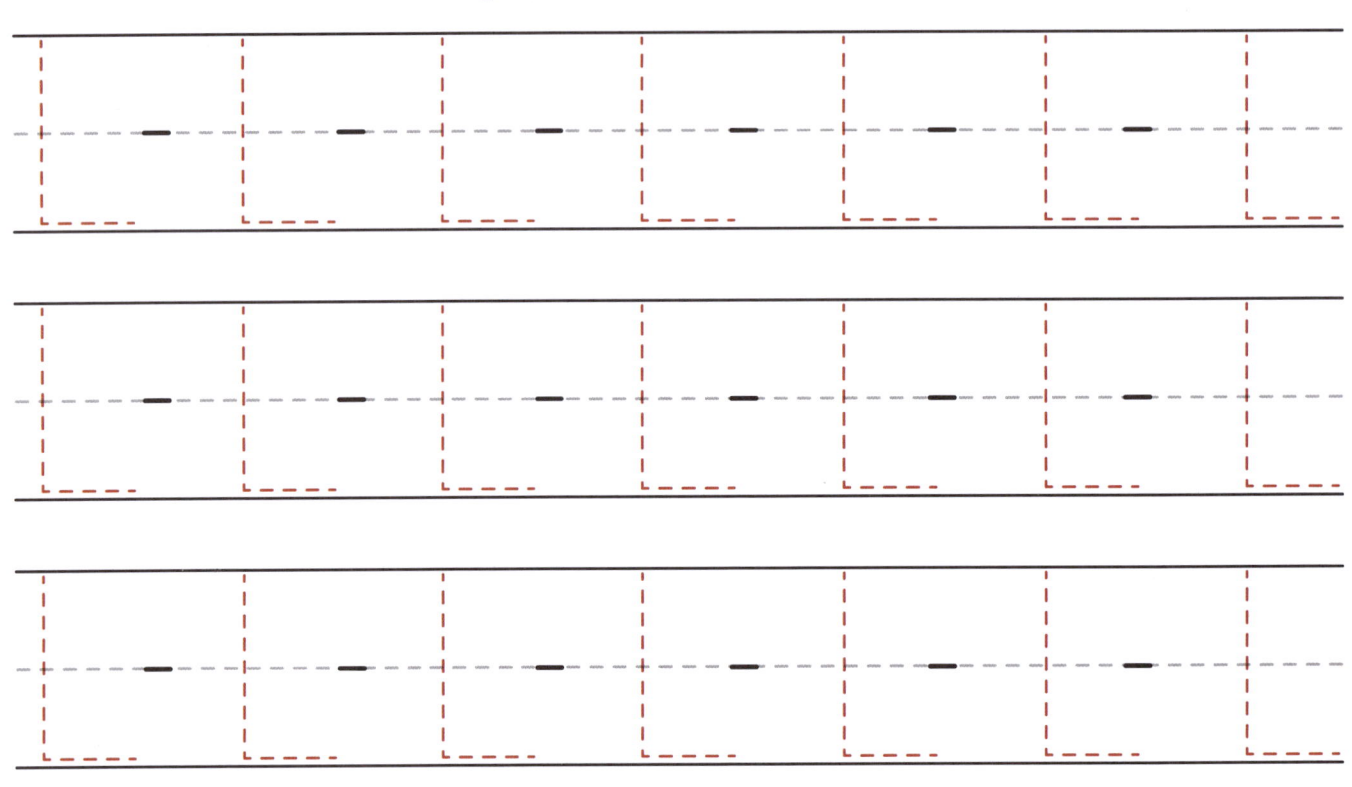

L

LEÃO   LIVRO

ALFABETO

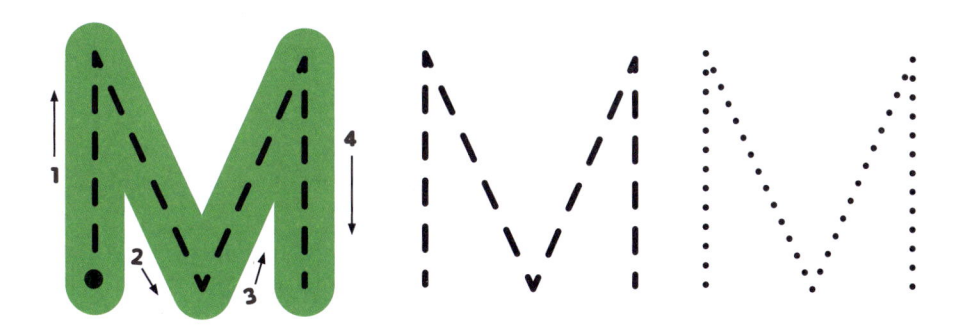

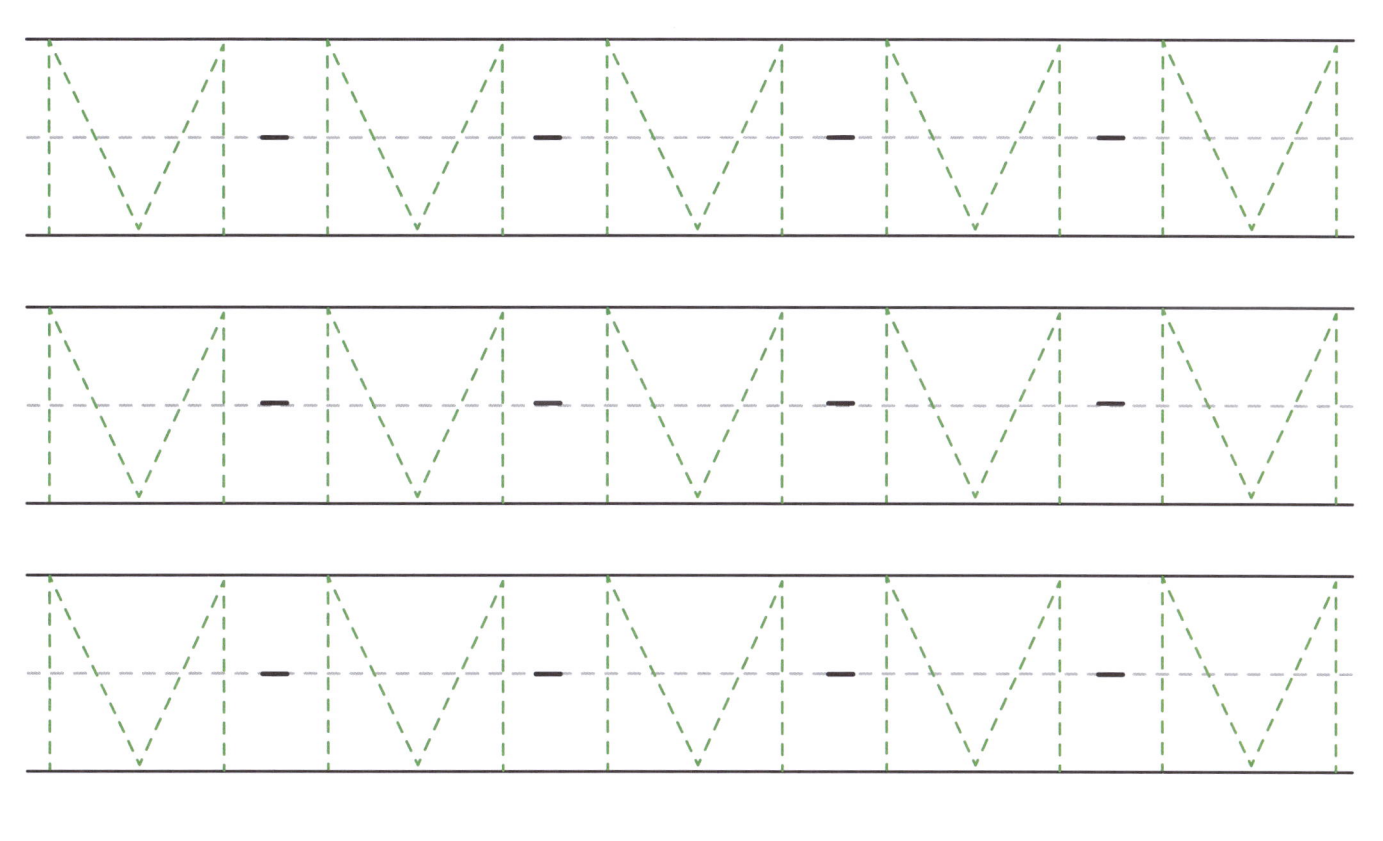

MILHO MACACO

ALFABETO

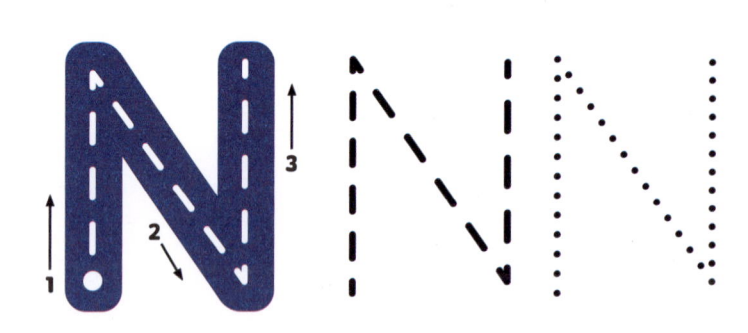

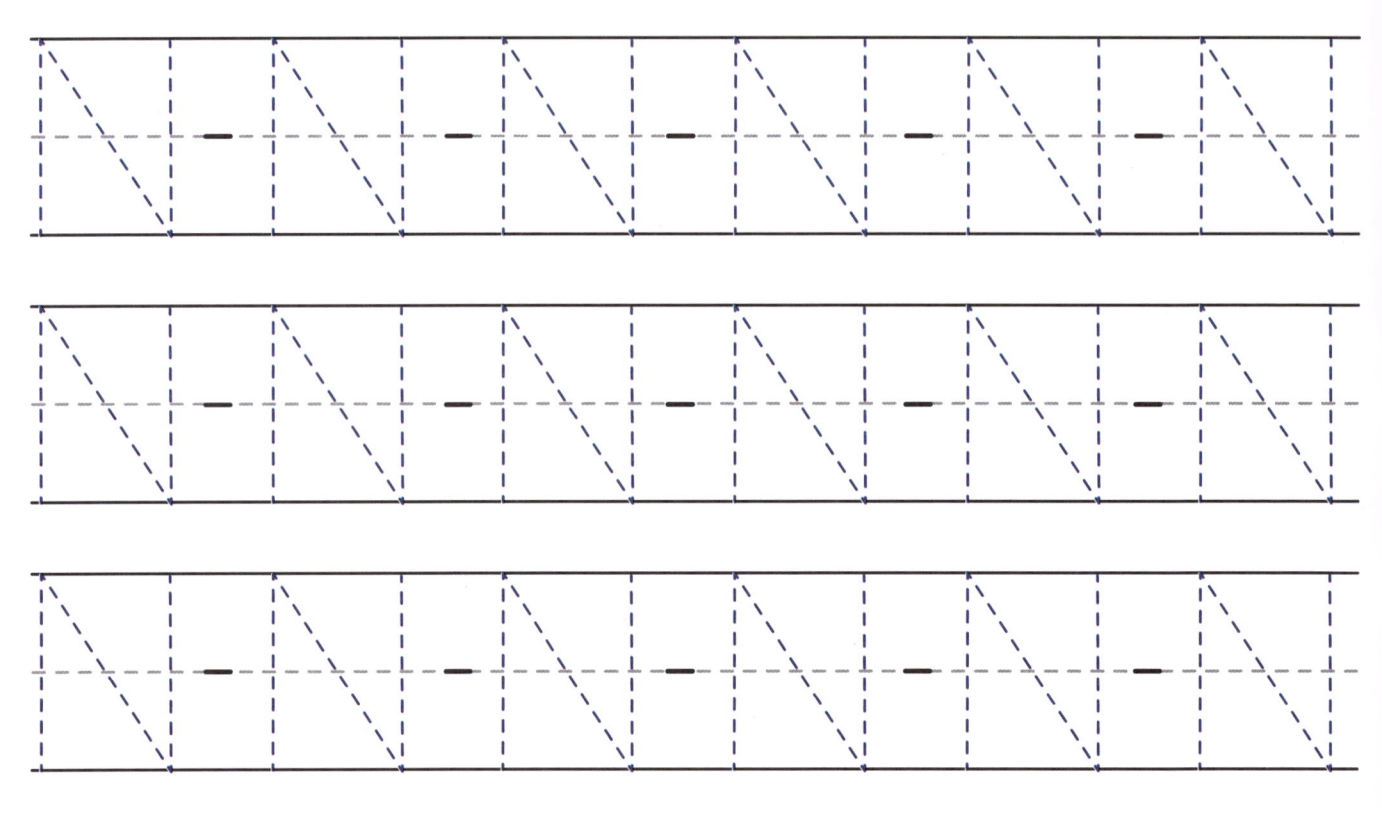

N N N N

NAVIO NUVEM

ALFABETO

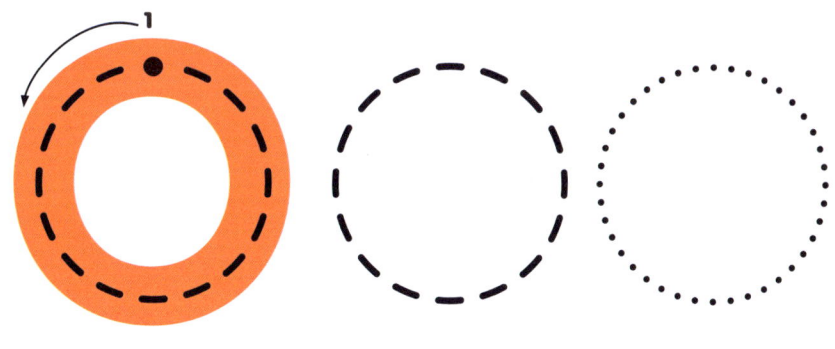

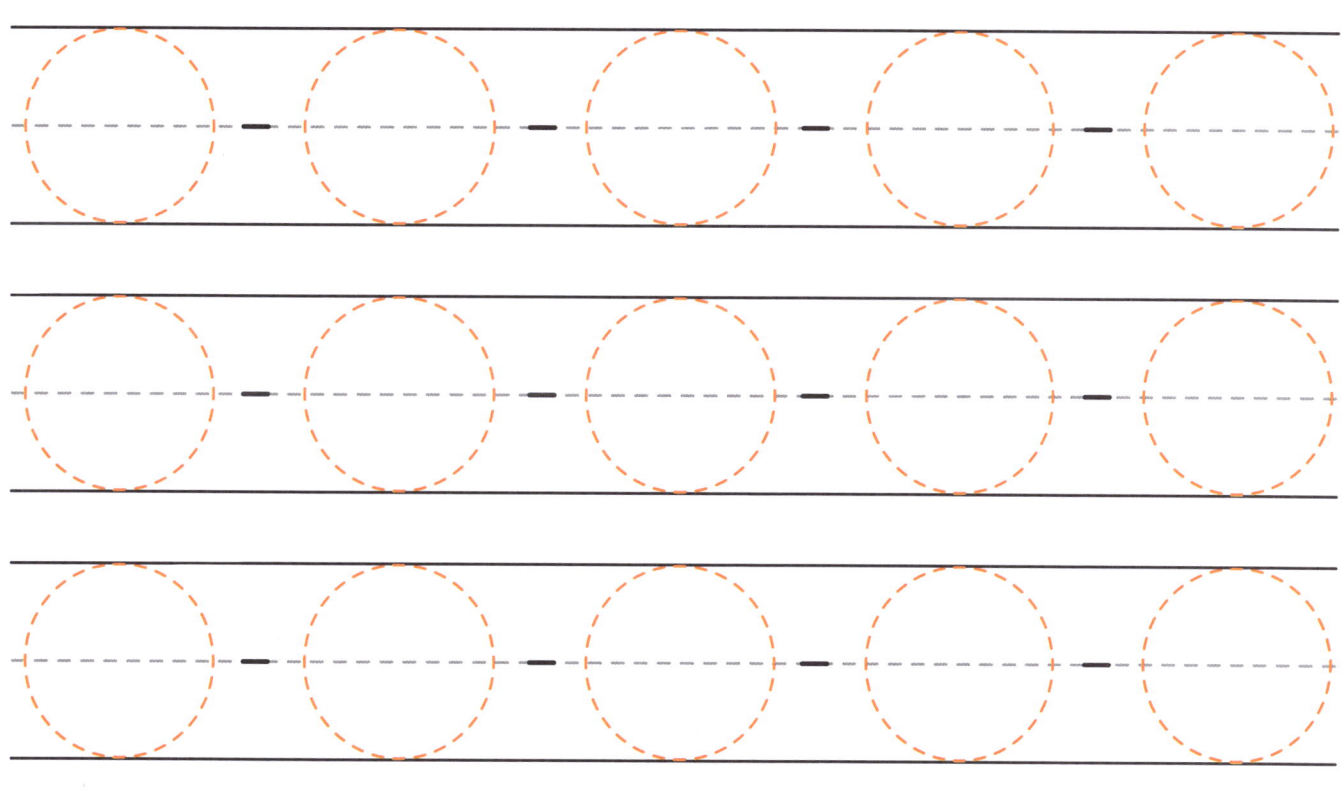

OVELHA

OCEANO

ALFABETO

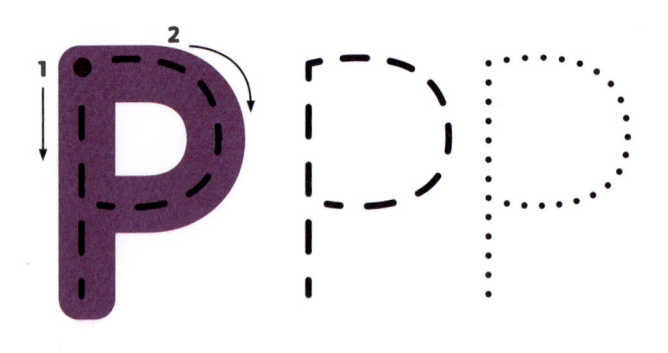

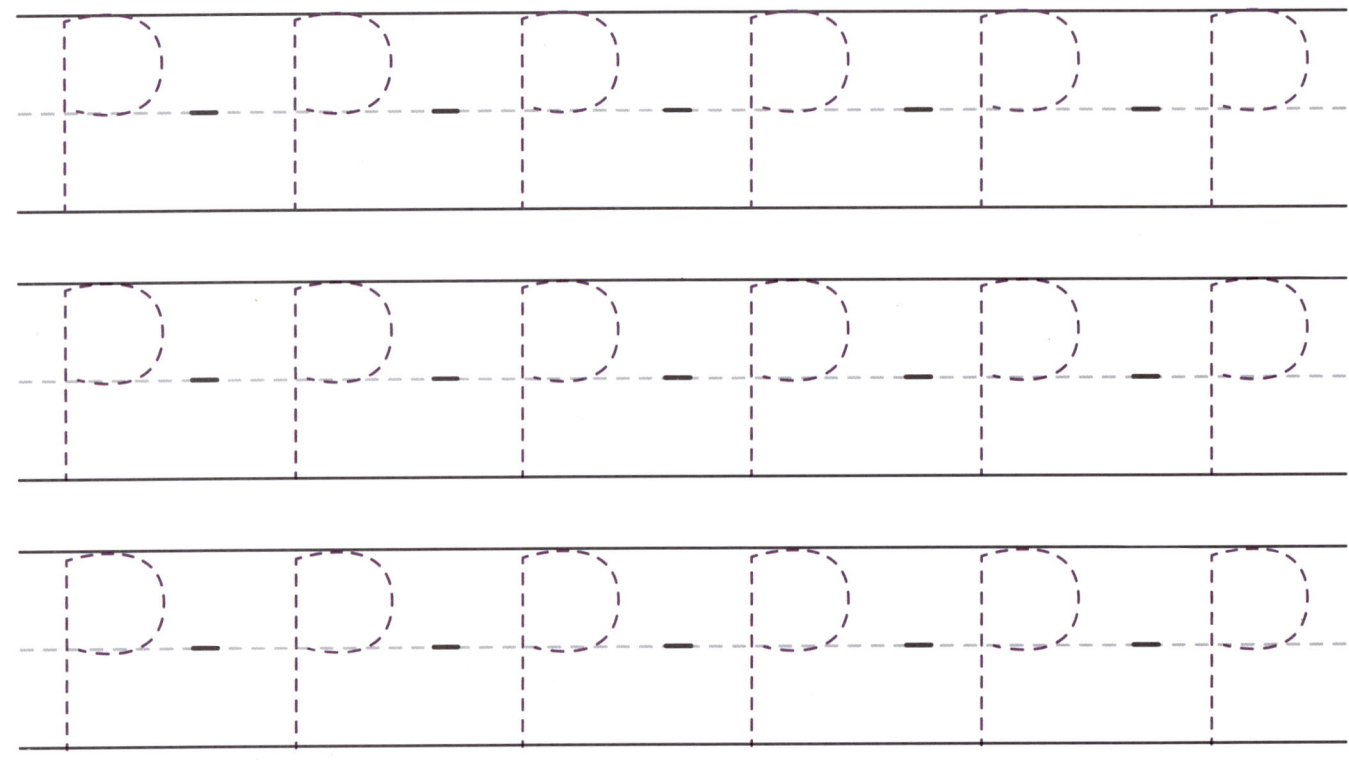

P p p

PATO PUDIM

ALFABETO

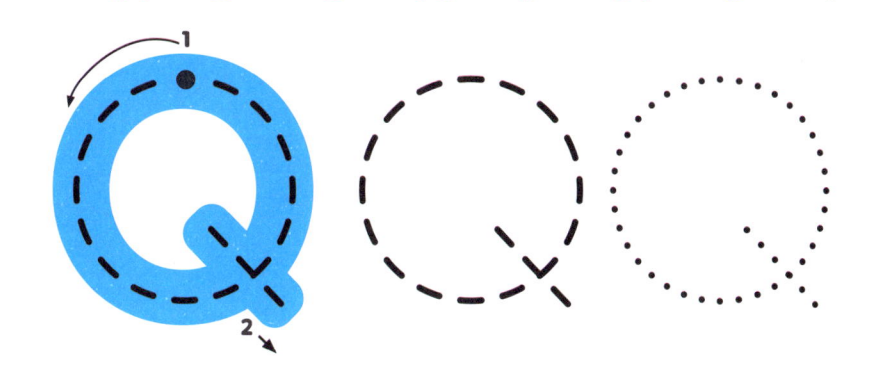

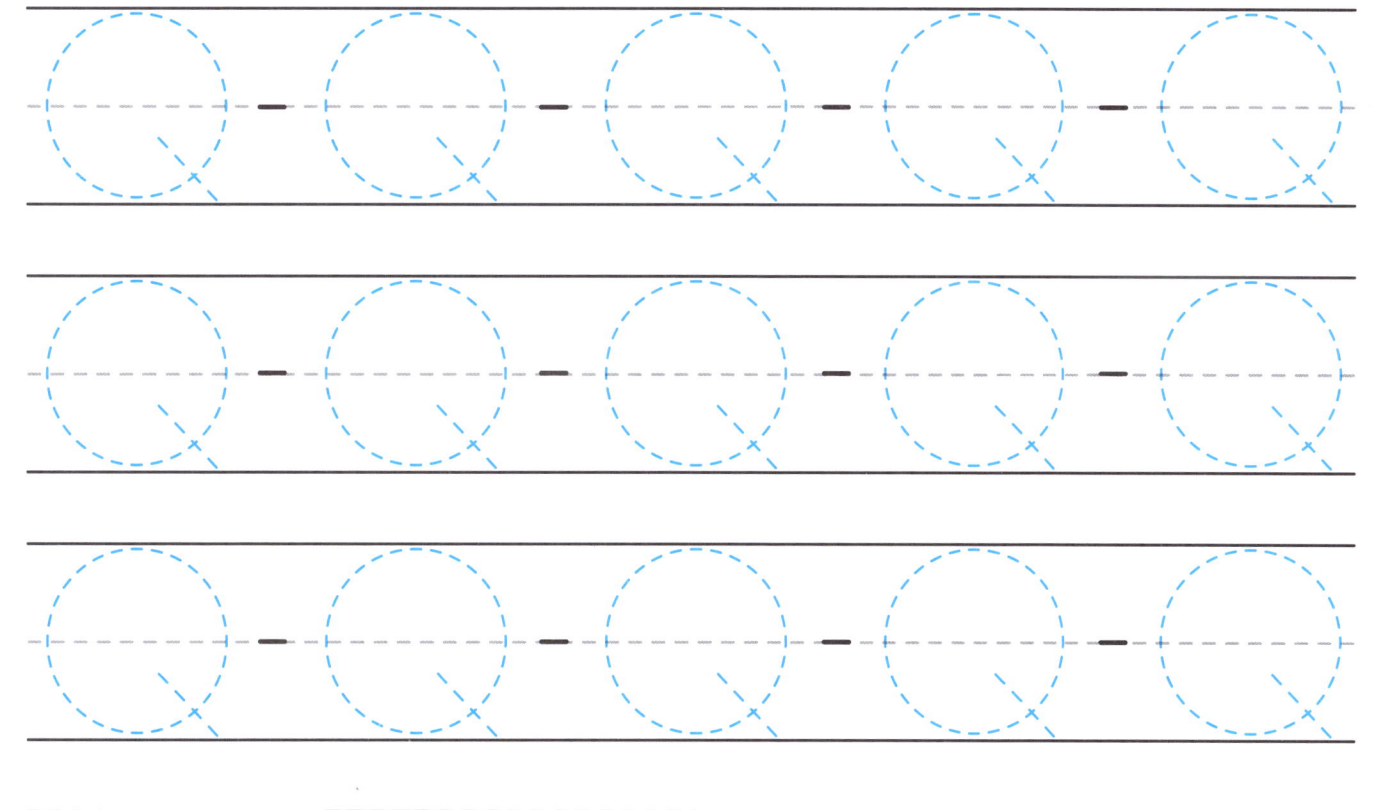

QUIABO QUEIJO

ALFABETO

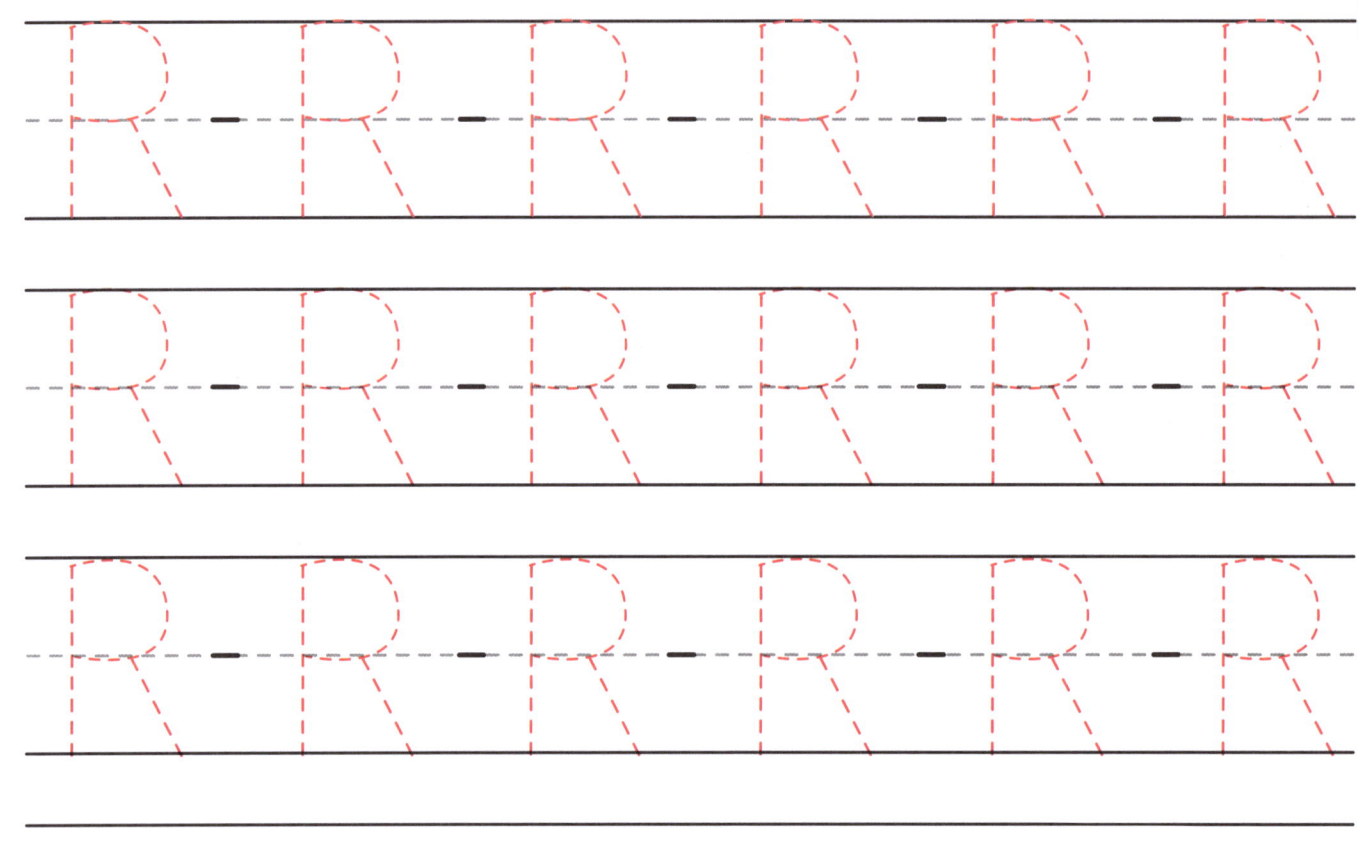

R R R R

R R R R R R R

R R R R R R R

R R R R R R R

RATO   RÁDIO

S s s

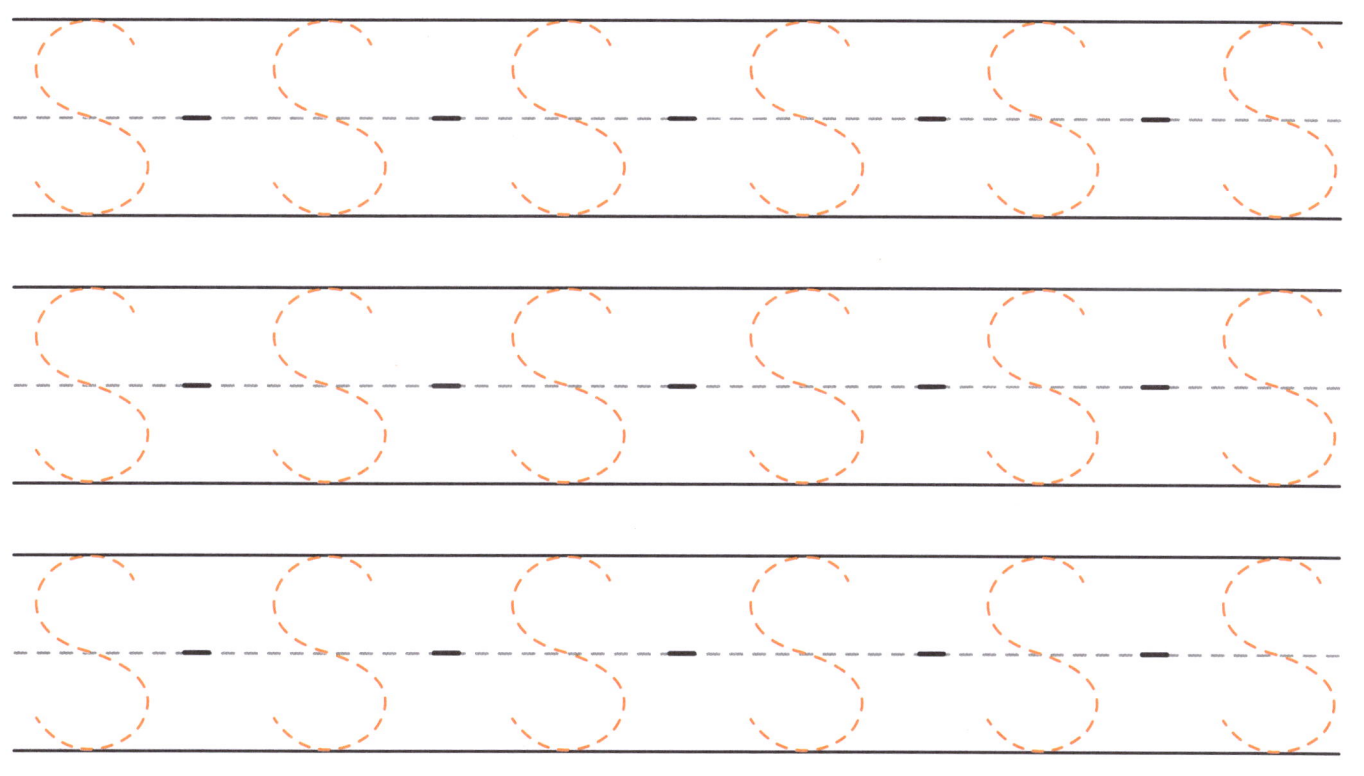

S — S — S — S — S — S

S — S — S — S — S — S

S — S — S — S — S — S

SORVETE

SAPO

ALFABETO

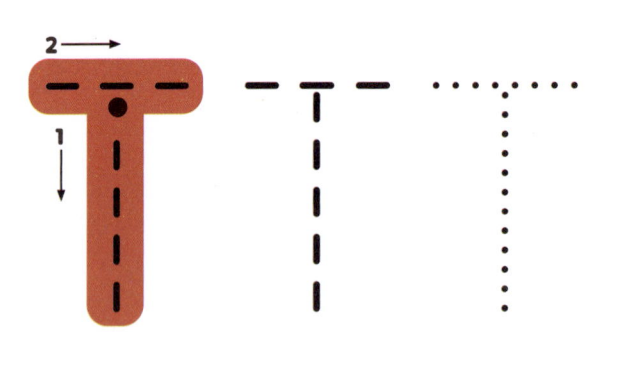

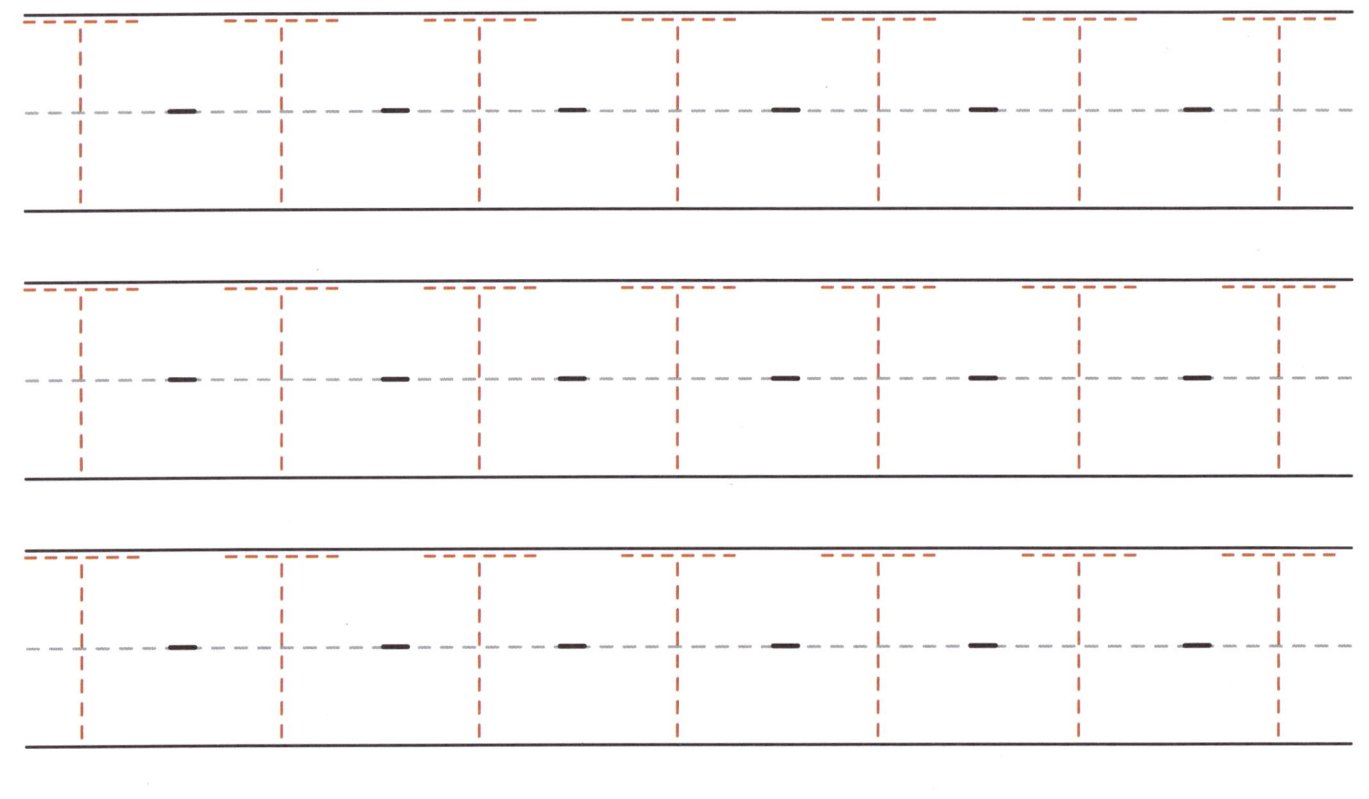

T

TOMATE TATU

ALFABETO

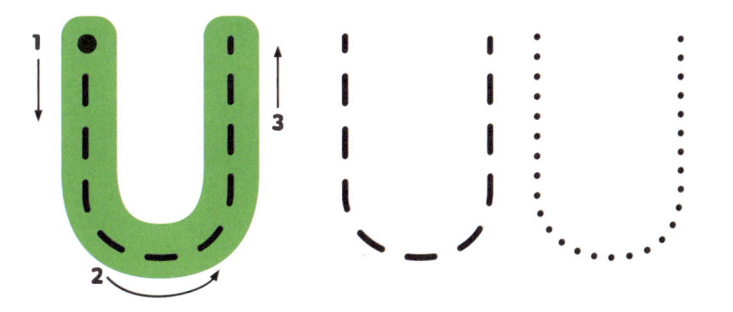

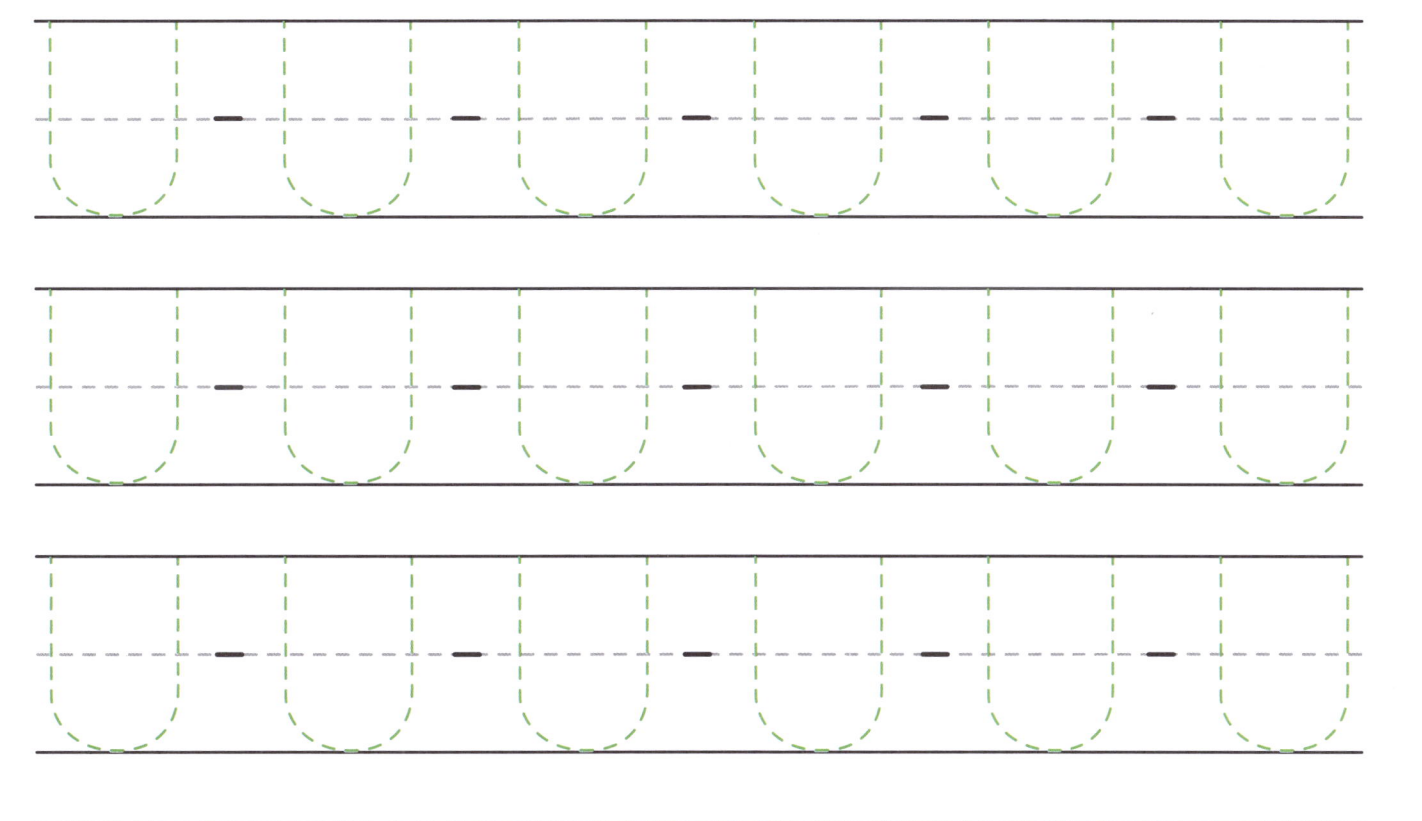

UVA URSO

55

ALFABETO

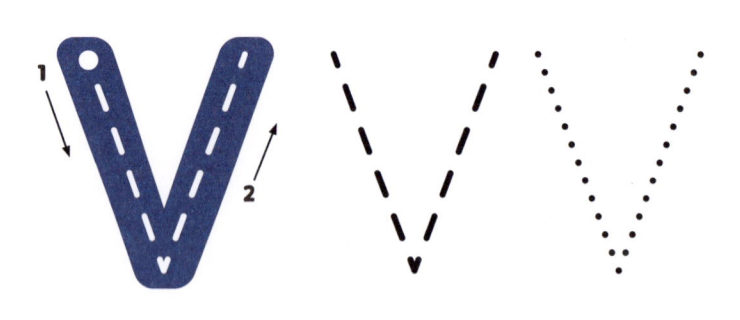

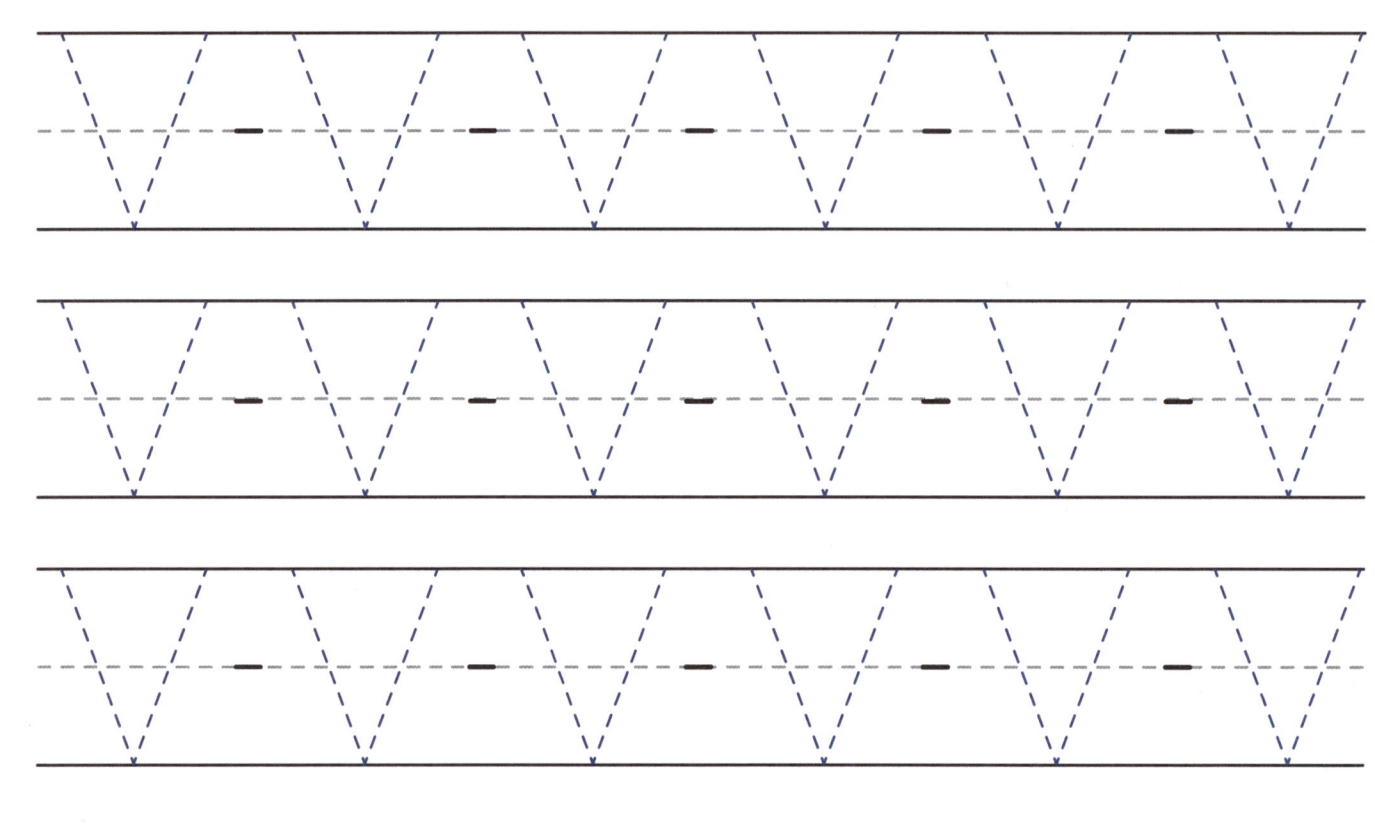

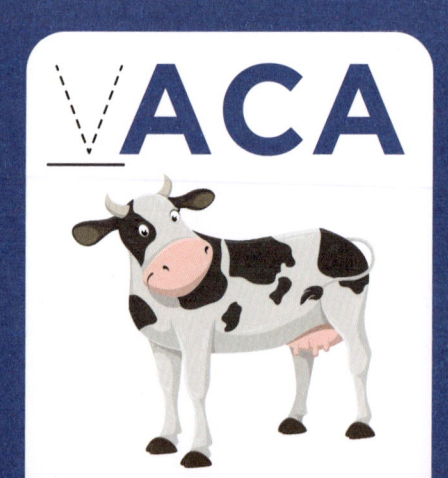

V v v

VAGA-LUMES   **VACA**

ALFABETO

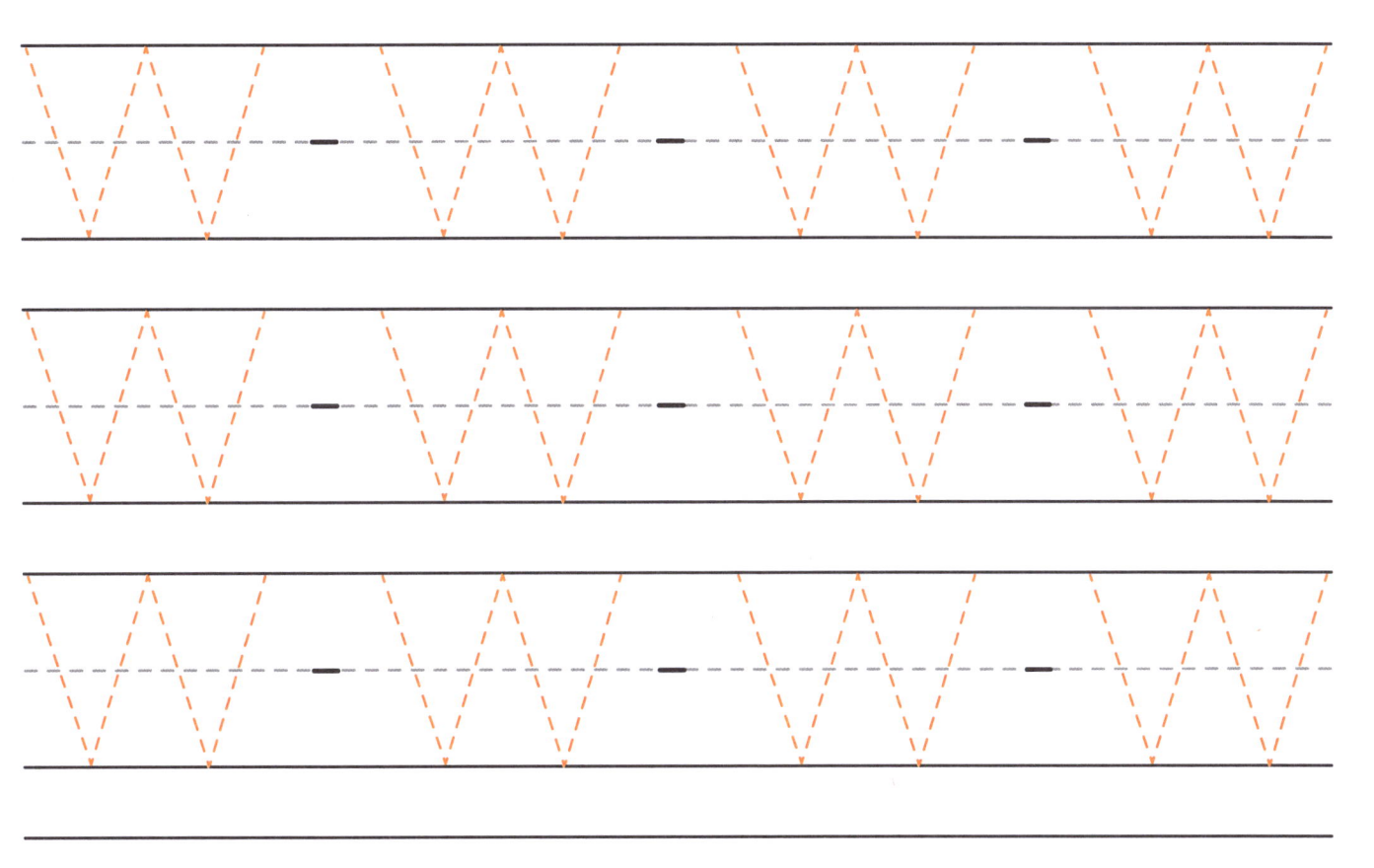

WI-FI WAFFLE

57

ALFABETO

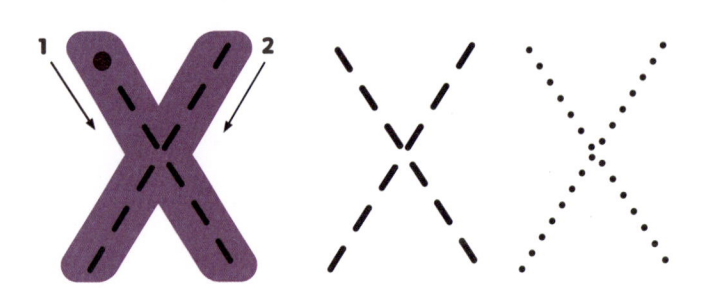

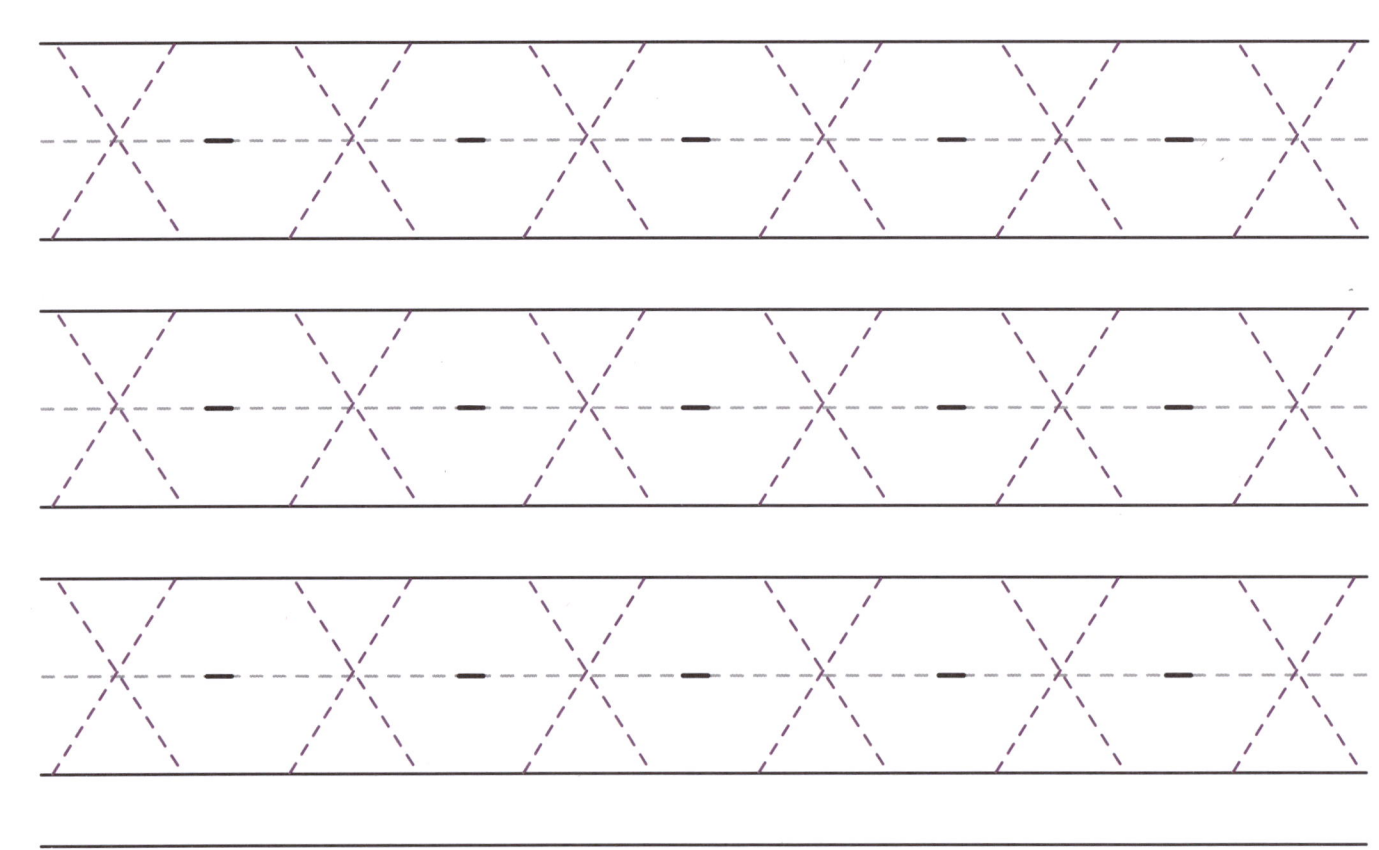

X x x

XERIFE

XÍCARA

ALFABETO

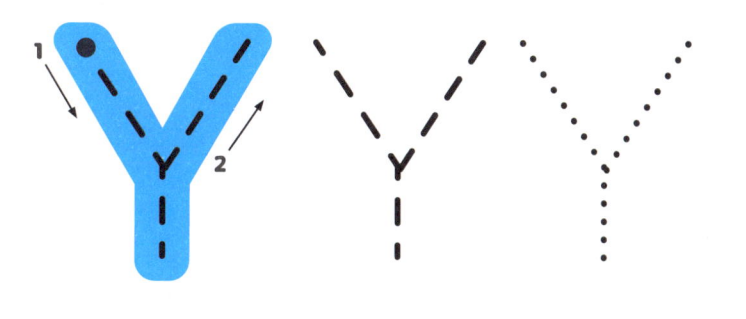

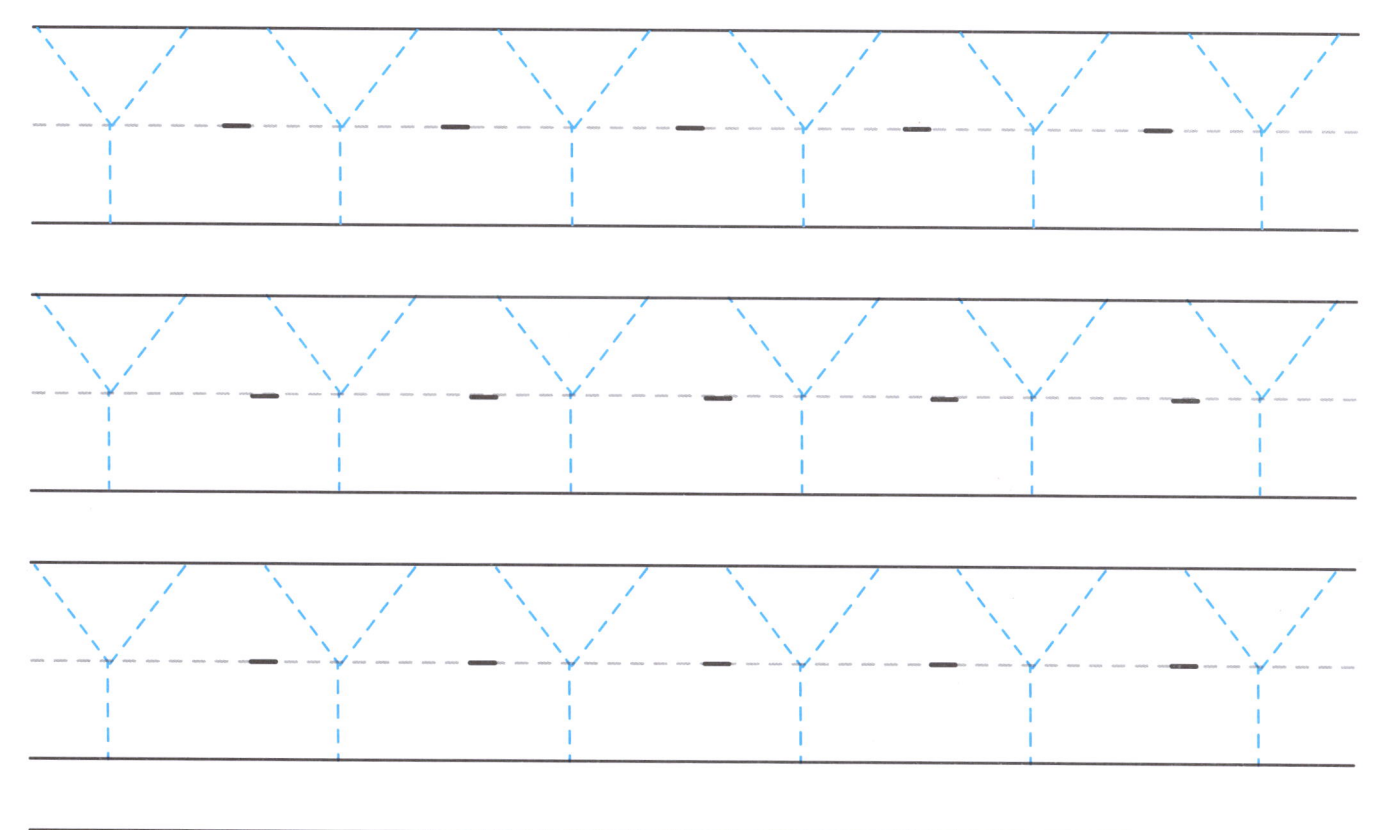

Y y y

YAGO

YASMIN

ALFABETO

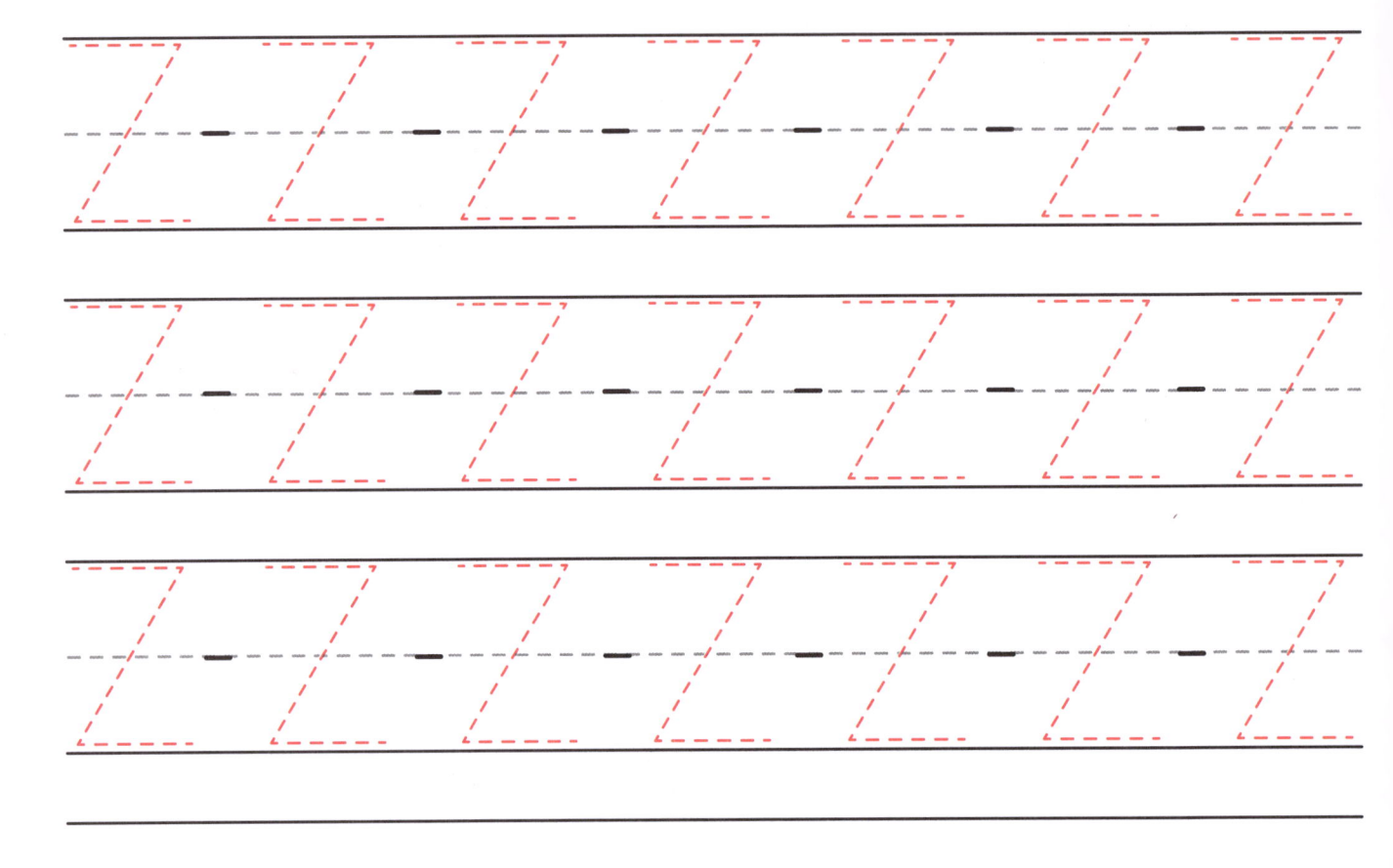

Z Z Z

ZABUMBA ZEBRA

AGORA QUE JÁ APRENDEMOS O ALFABETO, ESCREVA A LETRA INICIAL DO NOME DE CADA BRINQUEDO.

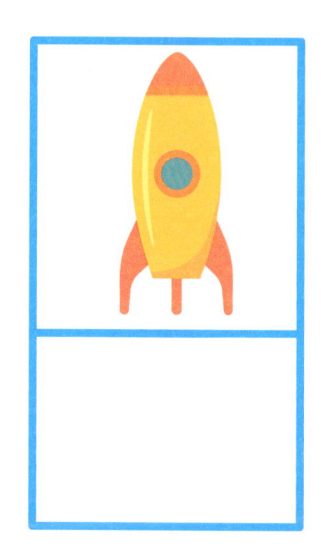

ALFABETO

FORMAS GEOMÉTRICAS

VAMOS BRINCAR COM AS FORMAS GEOMÉTRICAS? NAS PRÓXIMAS PÁGINAS, VOCÊS VÃO VER QUE ELAS ESTÃO POR "TODA PARTE"! COMPLETE AS PALAVRINHAS QUE DÃO NOME ÀS FIGURAS EM FORMA DE CÍRCULO:

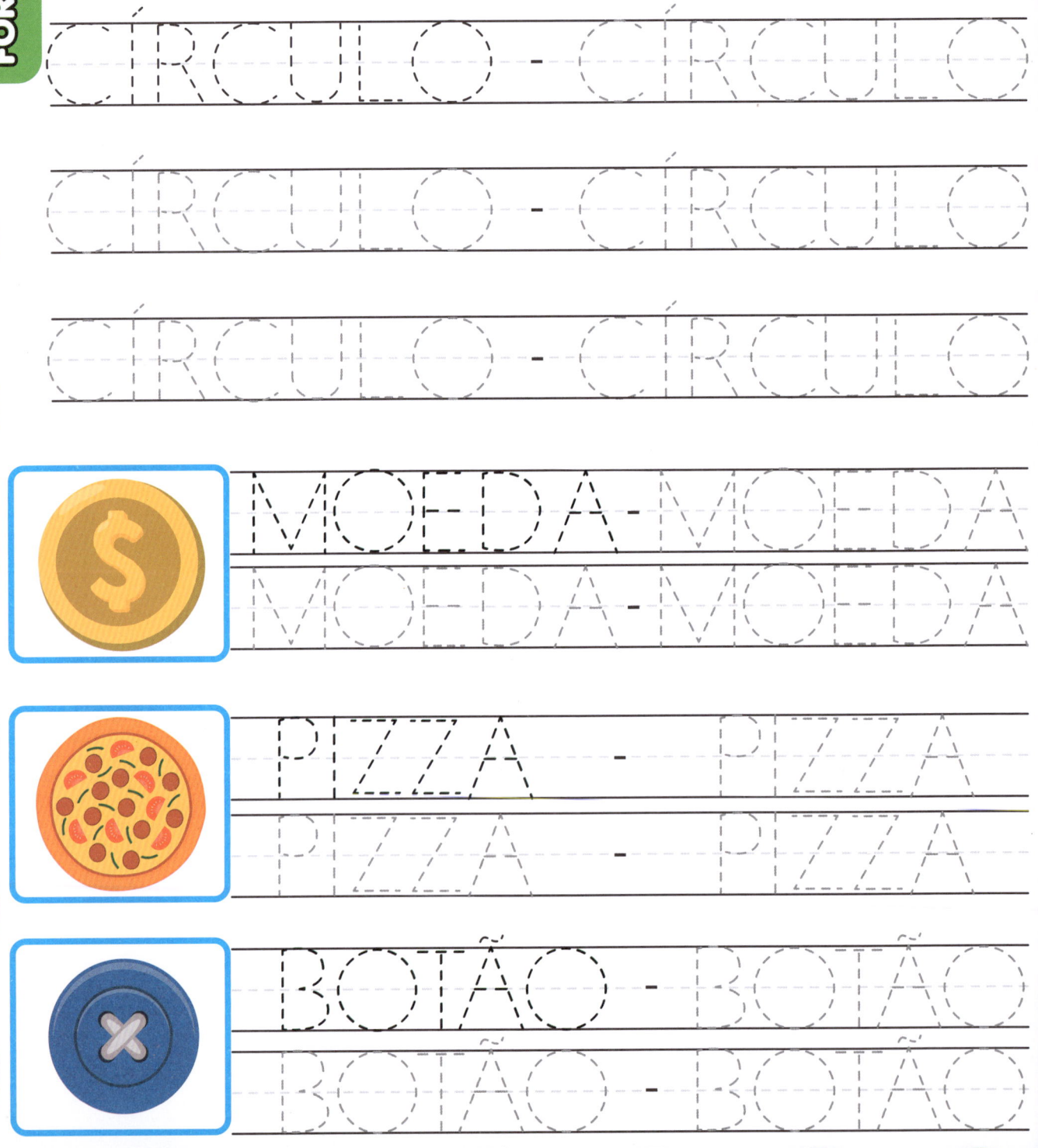

● CÍRCULO

CÍRCULO - CÍRCULO

CÍRCULO - CÍRCULO

CÍRCULO - CÍRCULO

MOEDA - MOEDA

MOEDA - MOEDA

PIZZA - PIZZA

PIZZA - PIZZA

BOTÃO - BOTÃO

BOTÃO - BOTÃO

🔺 TRIÂNGULO

TRIÂNGULO

TRIÂNGULO

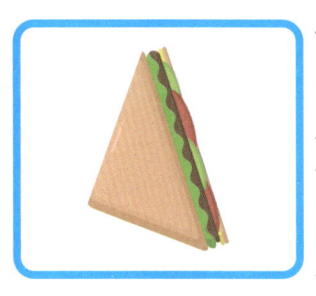

TRIÂNGULO

SANDUÍCHE
SANDUÍCHE

CABIDE - CABIDE
CABIDE - CABIDE

PLACA - PLACA
PLACA - PLACA

FORMAS GEOMÉTRICAS

RETÂNGULO

FORMAS GEOMÉTRICAS

RETÂNGULO

RETÂNGULO

RETÂNGULO

PORTA - PORTA
PORTA - PORTA

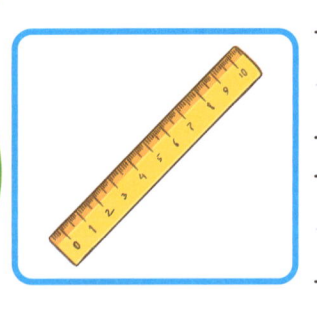

RÉGUA - RÉGUA
RÉGUA - RÉGUA

LOUSA - LOUSA
LOUSA - LOUSA

QUADRADO

QUADRADO

QUADRADO

QUADRADO

QUADRO

QUADRO

TABULEIRO

TABULEIRO

ESPELHO

ESPELHO

FORMAS GEOMÉTRICAS

FORMAS GEOMÉTRICAS

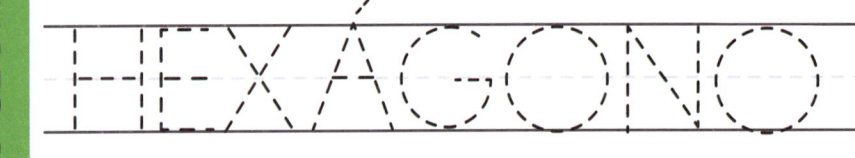

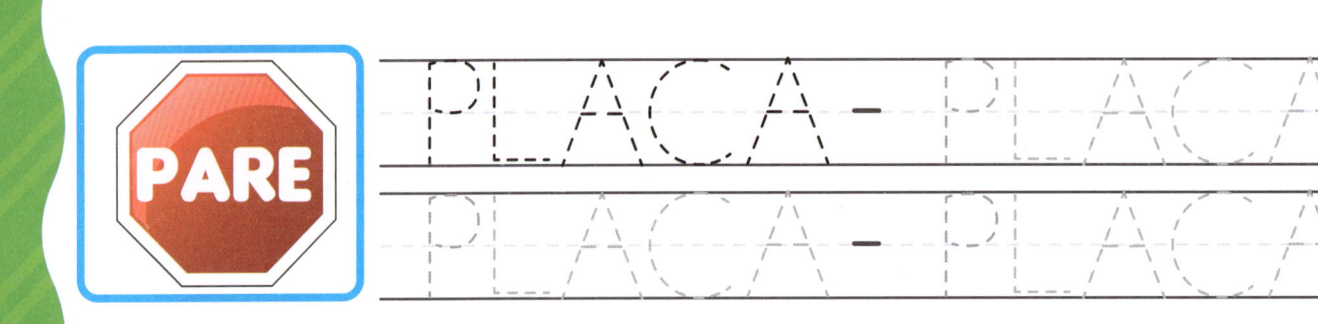

HEXÁGONO

HEXÁGONO

HEXÁGONO

HEXÁGONO

PLACA - PLACA
PLACA - PLACA

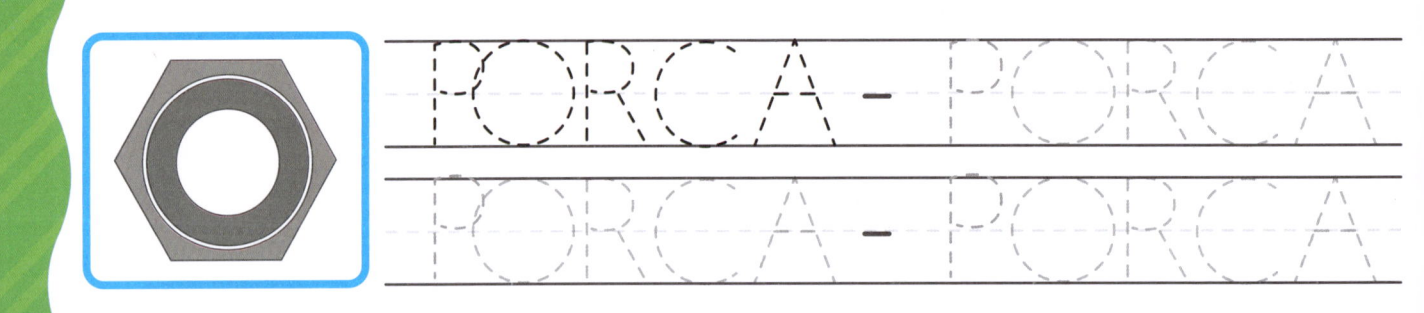

FORCA - FORCA
FORCA - FORCA

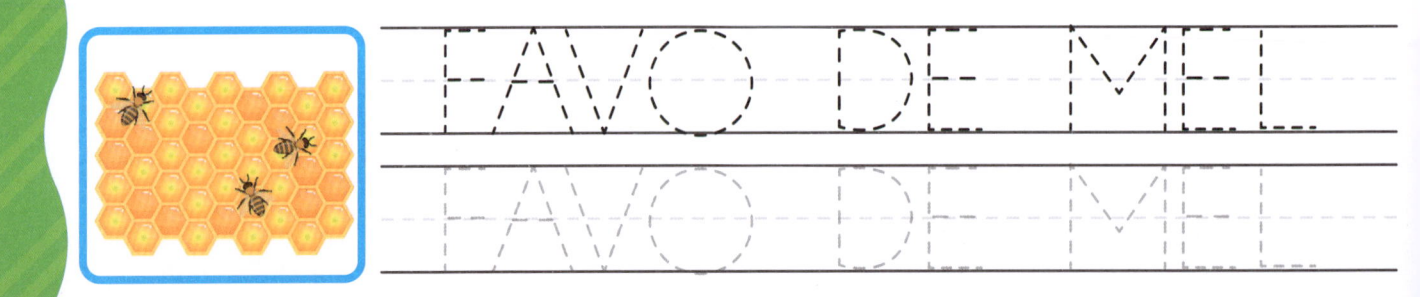

FAVO DE MEL
FAVO DE MEL

◆ LOSANGO

LOSANGO

LOSANGO

LOSANGO

AZULEJO
AZULEJO

PIPA - PIPA - PIPA
PIPA - PIPA - PIPA

PINGENTE
PINGENTE

FORMAS GEOMÉTRICAS

67

FORMAS GEOMÉTRICAS

OVAL

OVAL - OVAL - OVAL

OVAL - OVAL - OVAL

OVAL - OVAL - OVAL

OVO - OVO - OVO
OVO - OVO - OVO

ESPELHO
ESPELHO

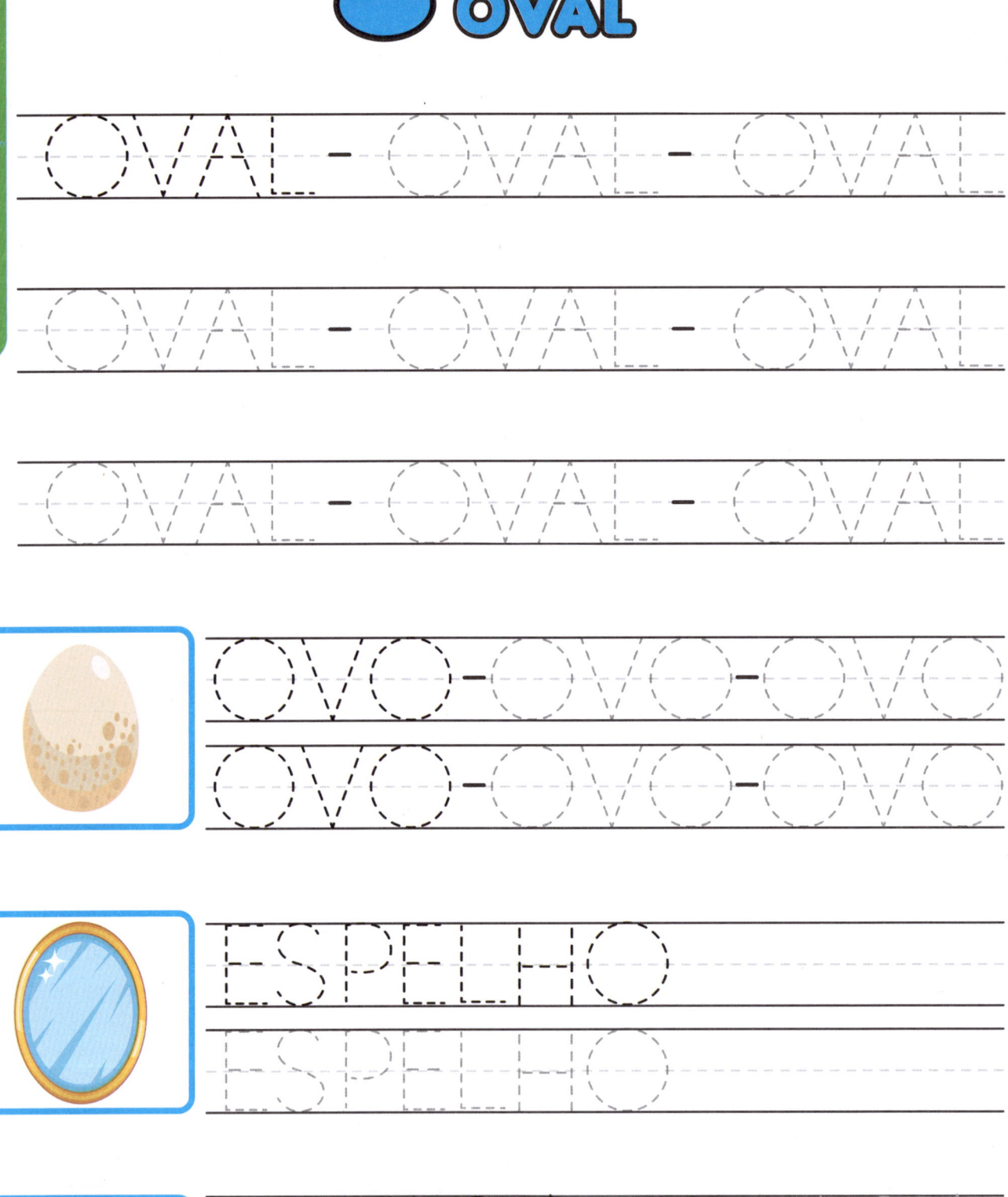

BEXIGA - BEXIGA
BEXIGA - BEXIGA

AGORA QUE VOCÊ JÁ CONHECE AS FORMAS GEOMÉTRICAS, OBSERVE QUANTAS DELAS PODERÃO SER ENCONTRADAS NESTE DESENHO. DEPOIS, PINTE-O BEM BONITO.

FORMAS GEOMÉTRICAS

FORMAS GEOMÉTRICAS

FAÇA A CORRESPONDÊNCIA DAS FORMAS GEOMÉTRICAS LIGANDO-AS AOS DESENHOS AO LADO.

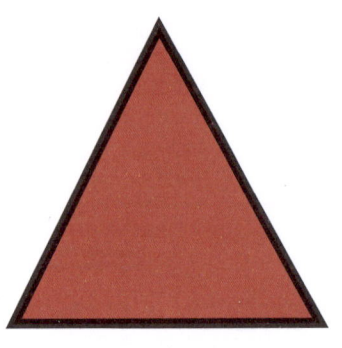

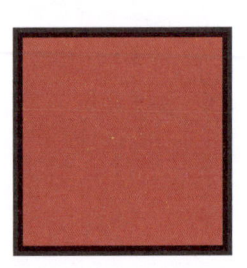

PINTE AS FORMAS GEOMÉTRICAS DE ACORDO COM A LEGENDA.

LARANJA **AMARELO** **ROSA** **AZUL**

FORMAS GEOMÉTRICAS

CORES

CHEGOU A HORA DE CONHECER AS CORES!

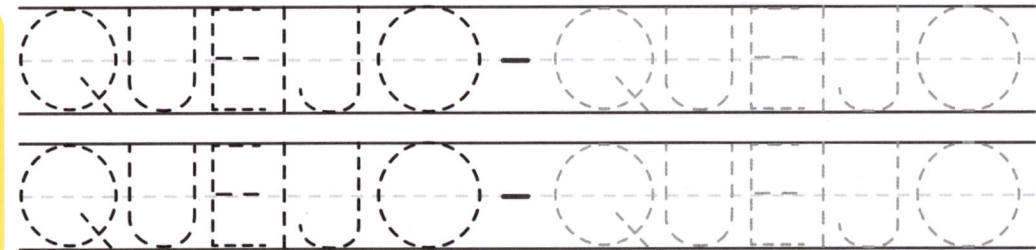

AMARELO

AMARELO - AMARELO

AMARELO - AMARELO

AMARELO - AMARELO

MILHO - MILHO
MILHO - MILHO

GIRASSOL
GIRASSOL

QUEIJO - QUEIJO
QUEIJO - QUEIJO

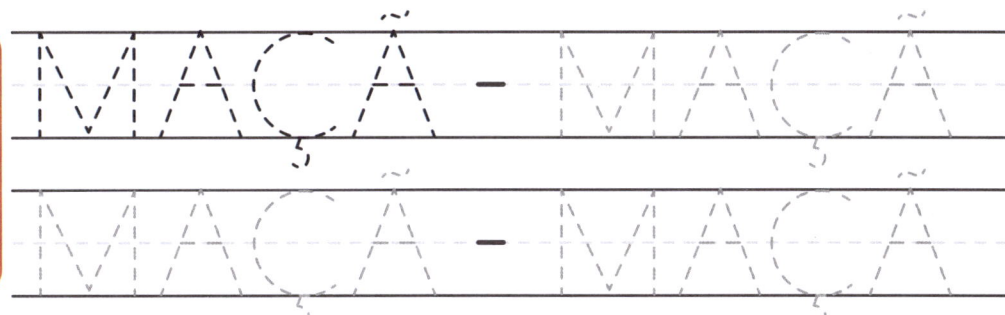

VERMELHO

CORES

VERMELHO

VERMELHO

VERMELHO

MAÇÃ - MAÇÃ
MAÇÃ - MAÇÃ

MORANGO
MORANGO

TOMATE - TOMATE
TOMATE - TOMATE

73

CORES

VERDE

VERDE - VERDE - VERDE

VERDE - VERDE - VERDE

VERDE - VERDE - VERDE

SAPO - SAPO
SAPO - SAPO

ALFACE - ALFACE
ALFACE - ALFACE

PAPAGAIO
PAPAGAIO

AZUL

AZUL - AZUL - AZUL

AZUL - AZUL - AZUL

AZUL - AZUL - AZUL

CESTA - CESTA
CESTA - CESTA

CÉU - CÉU - CÉU
CÉU - CÉU - CÉU

FLOR - FLOR
FLOR - FLOR

CORES

ROSA

CORES

ROSA - ROSA - ROSA
ROSA - ROSA - ROSA
ROSA - ROSA - ROSA

FLOR - FLOR
FLOR - FLOR

LAÇO - LAÇO
LAÇO - LAÇO

SORVETE
SORVETE

ROXO

CORES

ROXO - ROXO

ROXO - ROXO

ROXO - ROXO

UVA - UVA - UVA
UVA - UVA - UVA

BERINJELA
BERINJELA

BORBOLETA
BORBOLETA

LARANJA

LARANJA - LARANJA

LARANJA - LARANJA

LARANJA - LARANJA

CENOURA
CENOURA

BOLA - BOLA
BOLA - BOLA

ABÓBORA
ABÓBORA

MARROM

MARROM – MARROM

MARROM – MARROM

MARROM – MARROM

URSO – URSO

URSO – URSO

CAVALO

CAVALO

ÁRVORE

ÁRVORE

CINZA

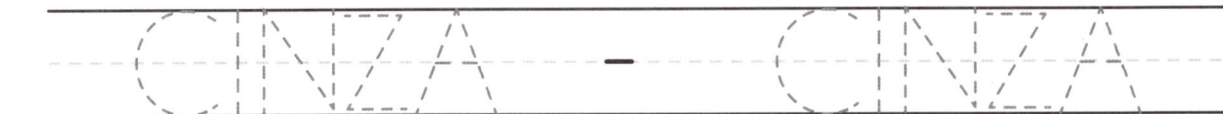

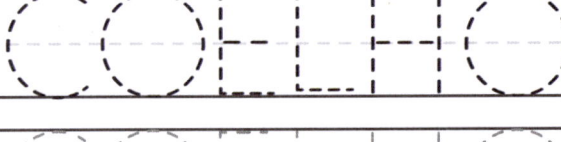

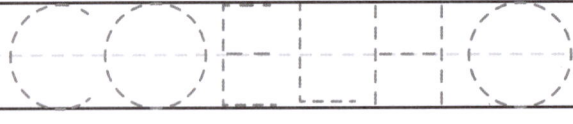

CINZA — CINZA

CINZA — CINZA

CINZA — CINZA

COELHO
COELHO

POMBO
POMBO

PEDRA — PEDRA
PEDRA — PEDRA

CORES

PRETO

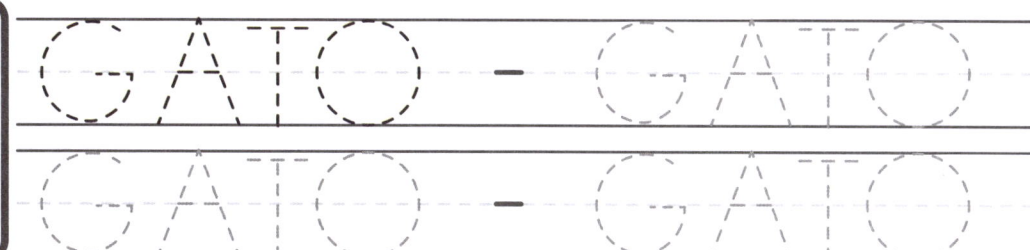

CORES

PRETO — PRETO

PRETO — PRETO

PRETO — PRETO

GATO — GATO
GATO — GATO

TÊNIS — TÊNIS
TÊNIS — TÊNIS

GUARDA-CHUVA
GUARDA-CHUVA

RESPOSTAS

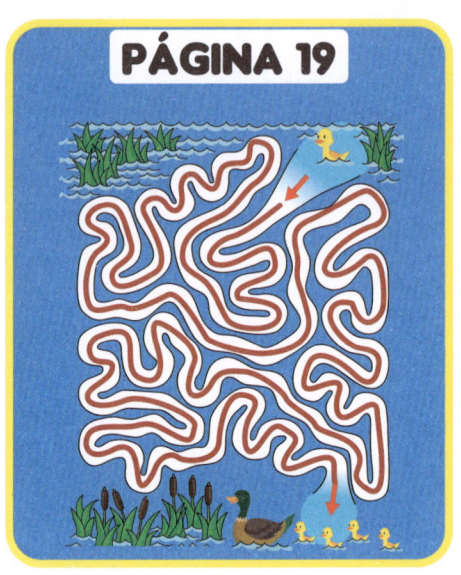

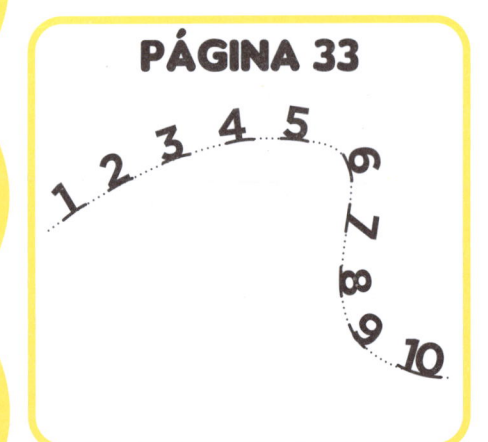

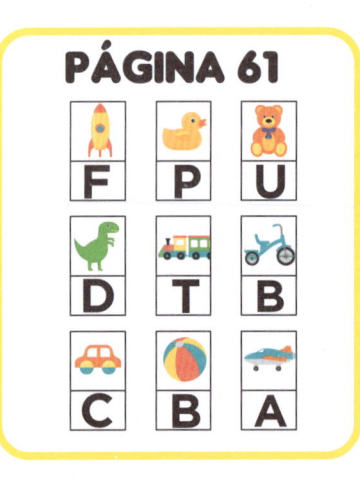

PÁGINA 18
PÁGINA 19
PÁGINA 20
PÁGINA 21
PÁGINA 33
PÁGINA 61

F P U
D T B
C B A

PÁGINA 70